Émilie Liénard

GATOS
EN ACUARELA

22 DIBUJOS PARA PINTAR O COLOREAR

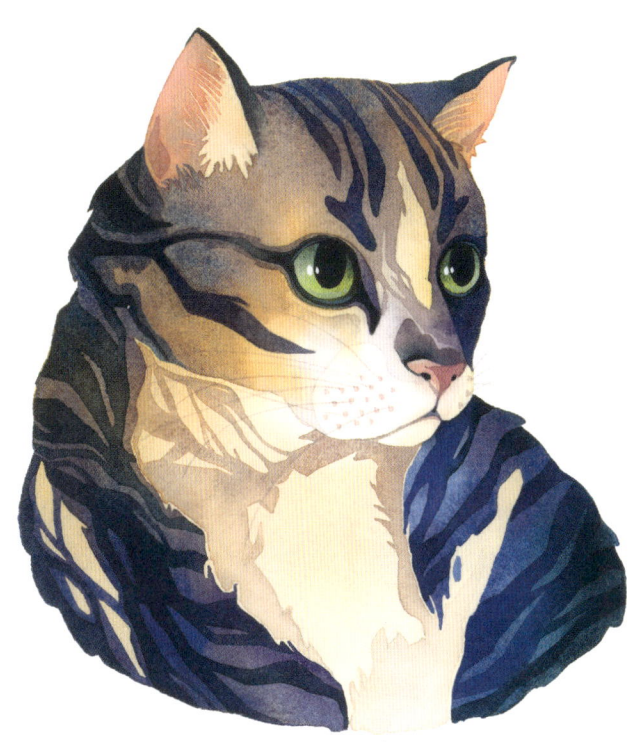

Émilie Liénard

Librero

CONSEJOS TÉCNICOS PARA PINTAR Y COLOREAR LOS DIBUJOS

Con lápices de colores o rotuladores

Elección del material

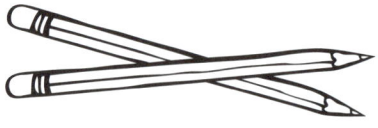

Los lápices de colores dan mucho juego. Facilitan los degradados y permiten modular la intensidad del color.

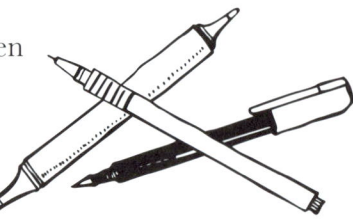

Los rotuladores permiten obtener unas superficies planas y uniformes, con unos tonos muy pigmentados.

- **No sirve cualquier lápiz o rotulador:** para asegurarte de obtener unos colores llamativos y homogéneos, escoge utensilios de buena calidad.

- **Elige rotuladores a base de agua** para evitar las manchas, y lápices con una buena mezcla de sus pigmentos.

Elección de la técnica

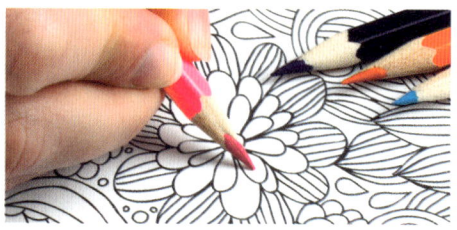

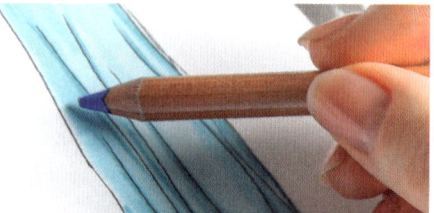

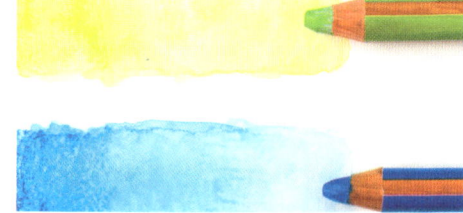

Superposición de colores

Para obtener unos tonos ricos y matizados, aplica varias capas ligeras de color. Puedes difuminar las transiciones con un bastoncillo de algodón o un difumino.

Contraste y sombras

Acentúa las sombras aplicando colores más oscuros o complementarios. Para las zonas de luz, deja partes en blanco o aplica colores más claros.

Efecto degradado

Para pasar progresivamente de un tono intenso a uno más suave, juega con la presión sobre el lápiz.

En el caso de los rotuladores, aplica los colores uno al lado del otro y mézclalos ligeramente con un pincel húmedo.

- Antes de empezar, **prueba los colores** en una hoja aparte.
- Para jugar con los contrastes entre texturas suaves y superficies más definidas, **combina lápices y rotuladores.**
- Para ganar precisión, **ve sacando punta a los lápices y cierra bien los rotuladores** para que no se sequen.

Con acuarelas, tintas de colores o gouache

Elección del material

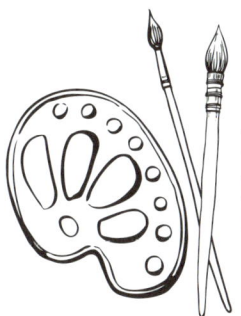

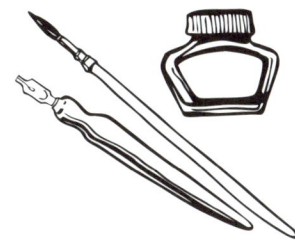

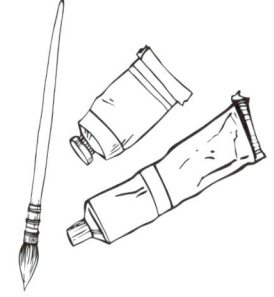

La tinta ofrece unos tonos intensos, ideales para contornos y detalles.

Las acuarelas son ideales para obtener unos efectos ligeros y transparentes.

El gouache es perfecto para obtener unos colores opacos y vivos.

Elección de la técnica

«Húmedo sobre seco»

Para obtener unos contornos netos y precisos, aplica la pintura sobre el papel seco. Perfecto para los detalles.

«Húmedo sobre húmedo»

Humedece ligeramente el papel antes de aplicar el color y obtendrás unos degradados suaves y naturales.

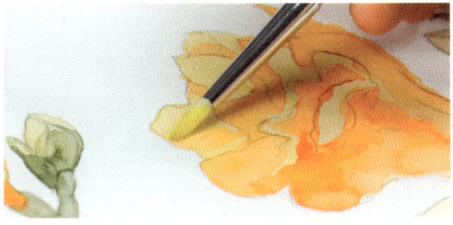

«Capa sobre capa»

A medida que se vayan secando, superpón capas para crear sombras o reforzar los colores.

Degradados y aguadas

Si deseas obtener unas transiciones fluidas y unos tonos ligeros, diluye la tinta con agua.

- Trabaja siempre **de los colores claros hacia los oscuros.**
- **Empieza por las aguadas planas** y ve añadiendo los detalles y las sombras: así evitarás invadir zonas ya trabajadas.
- Para evitar mezclas no deseadas, **deja secar siempre una capa** antes de aplicar la siguiente.

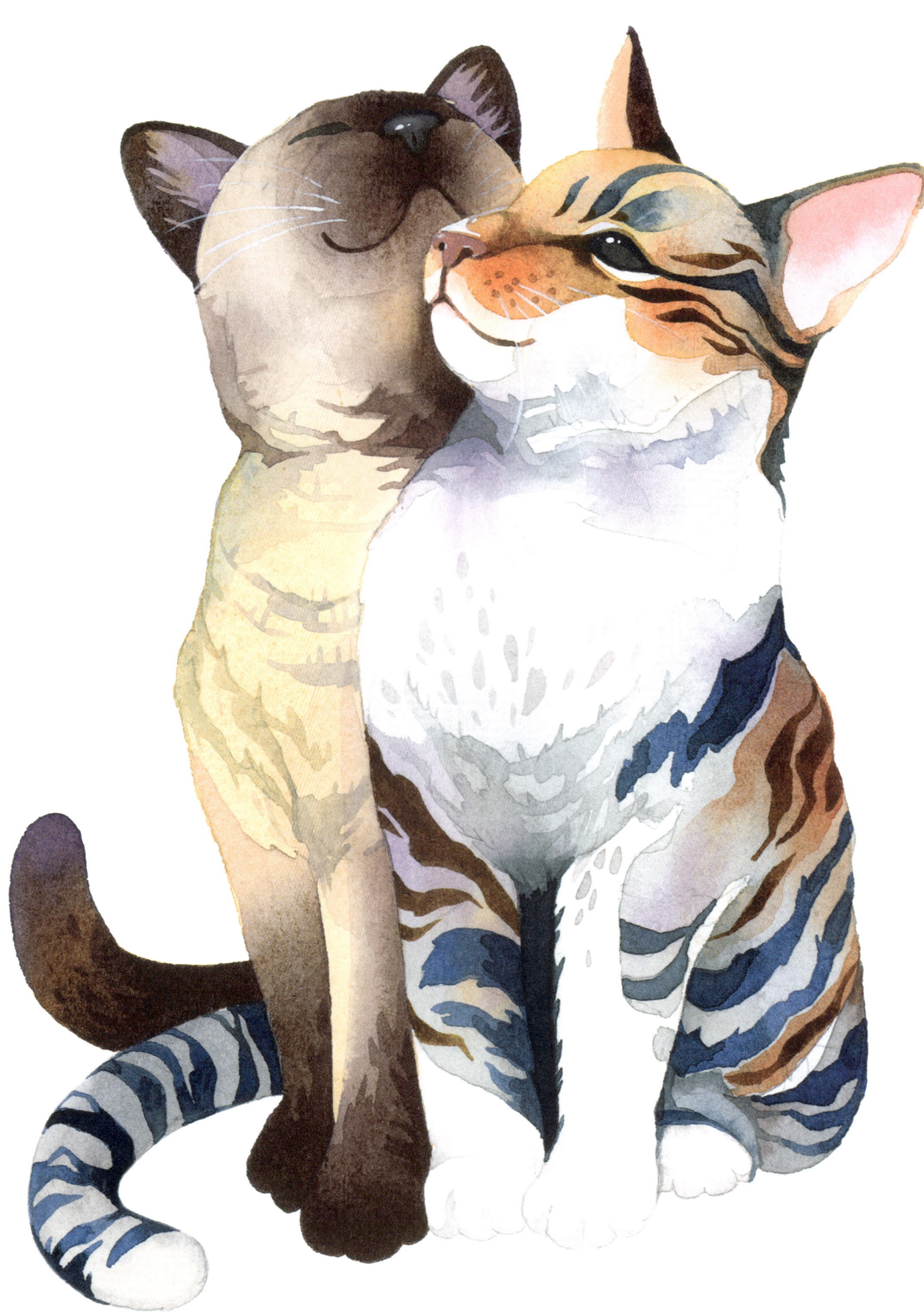

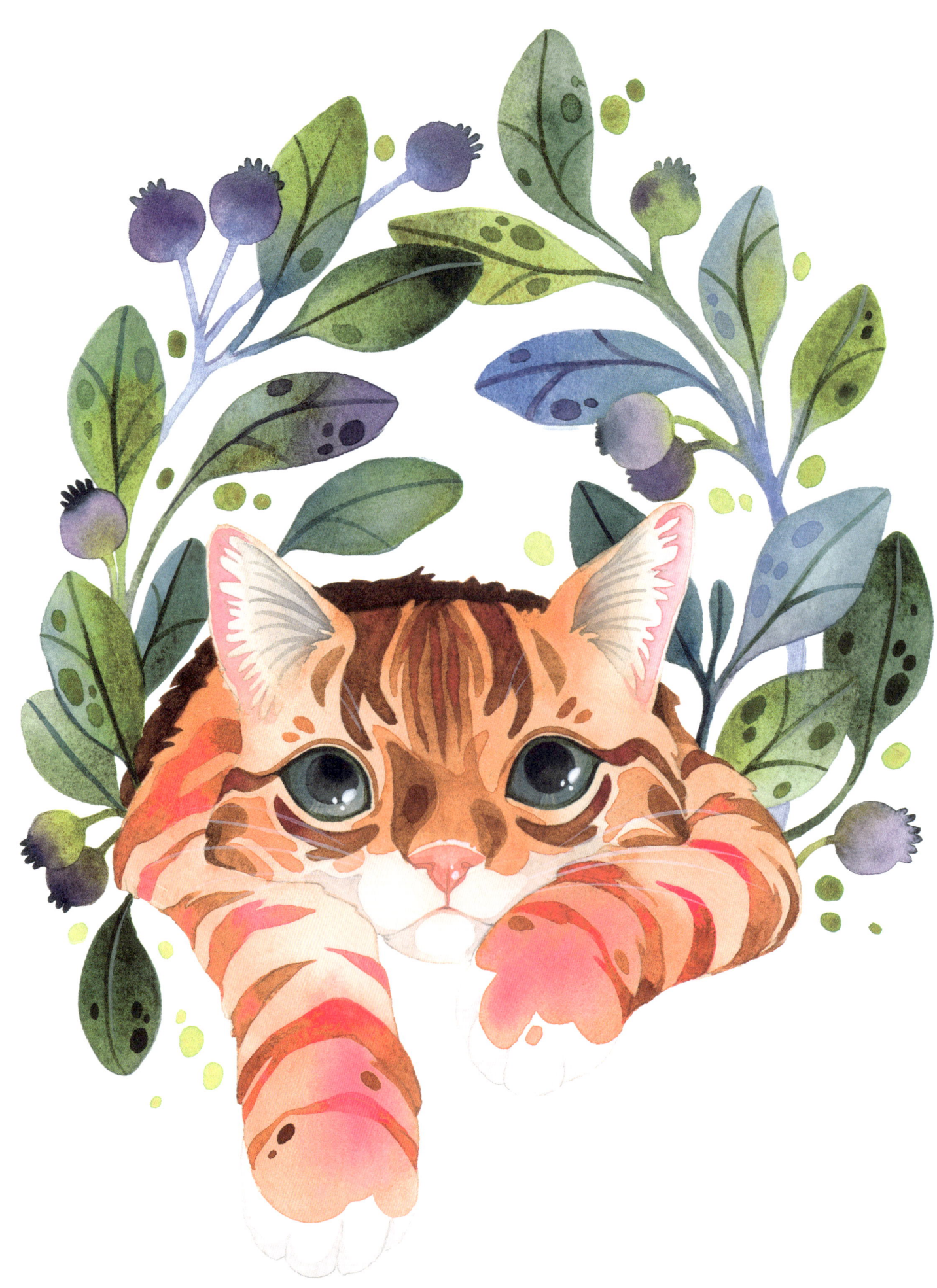

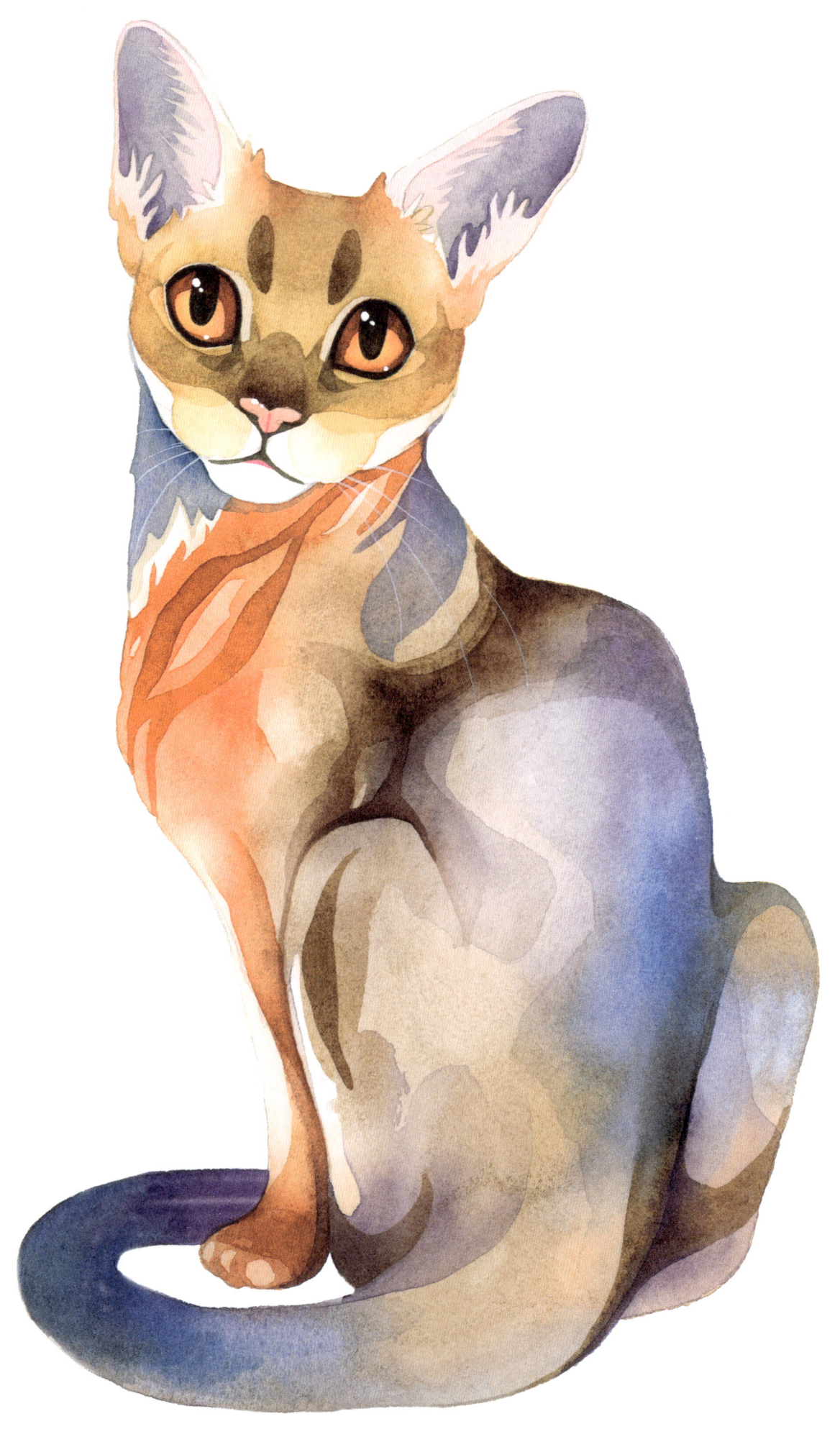

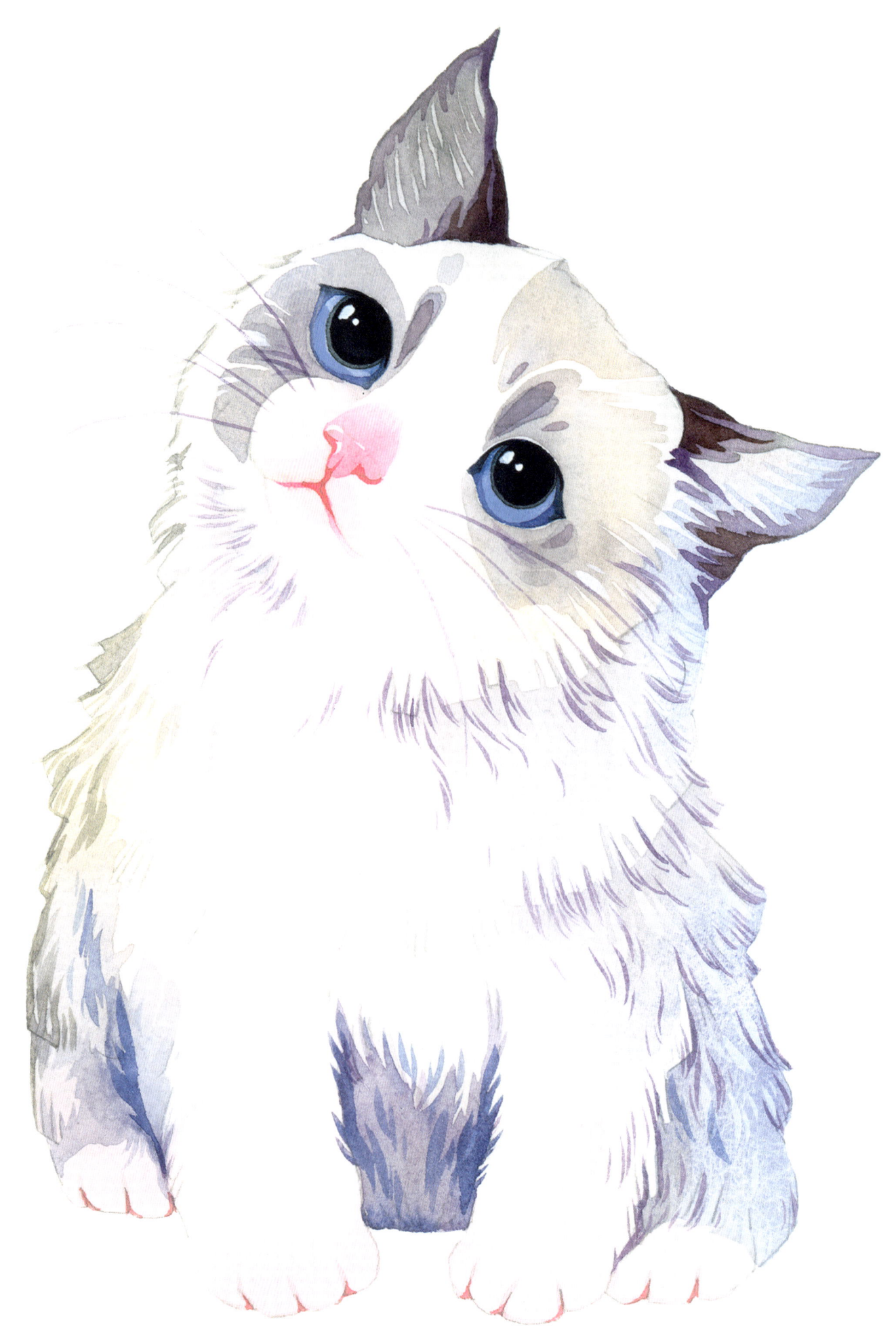

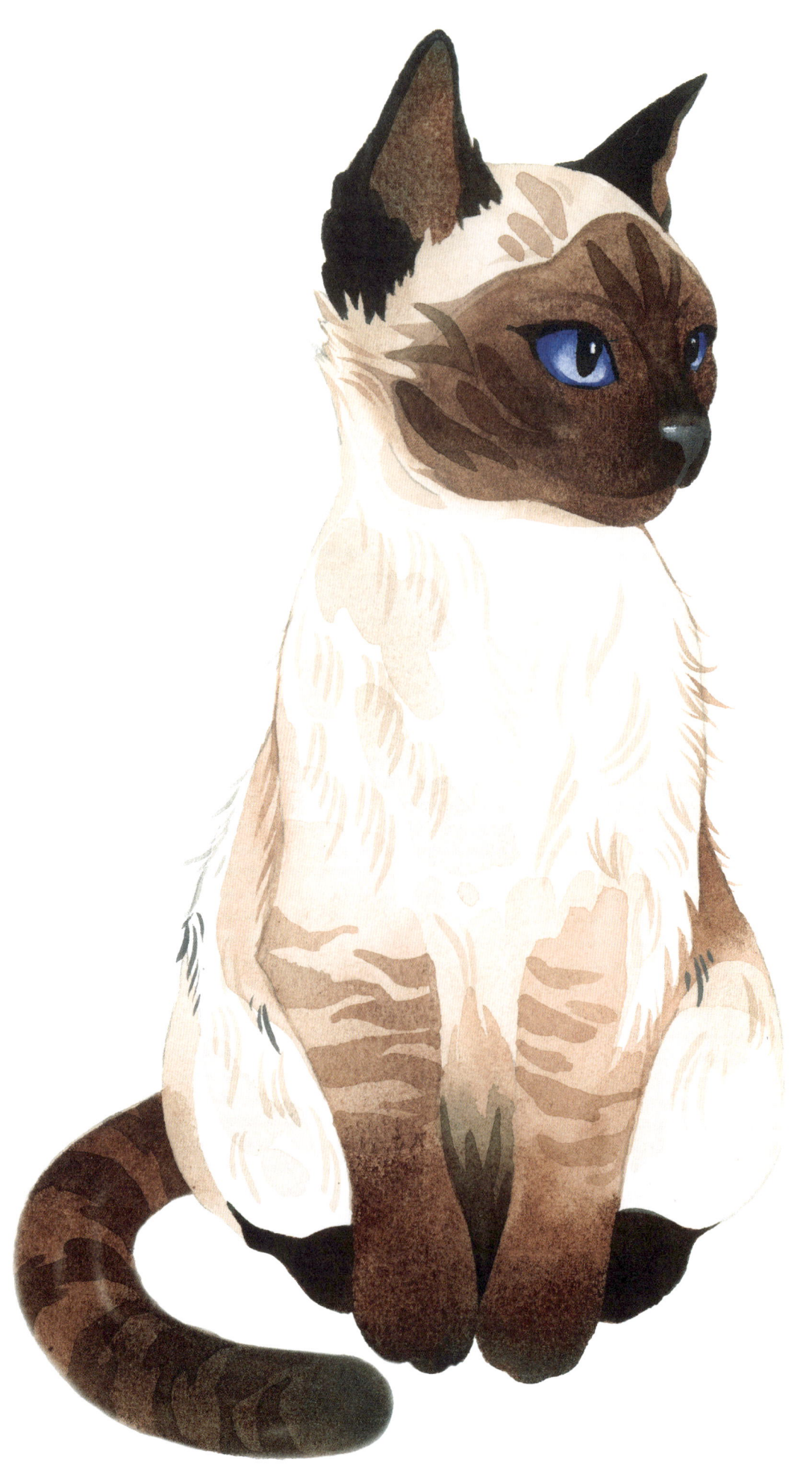

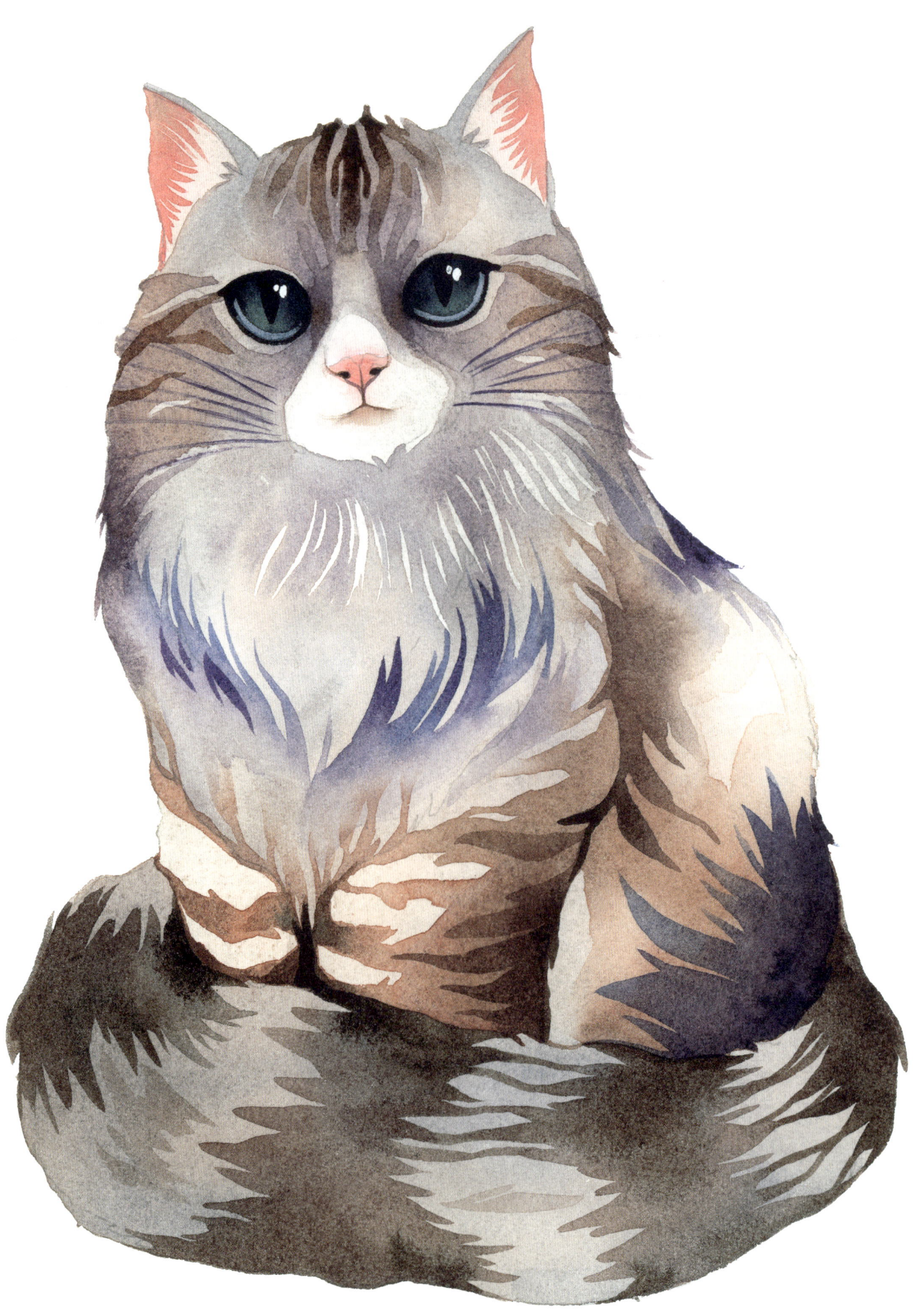

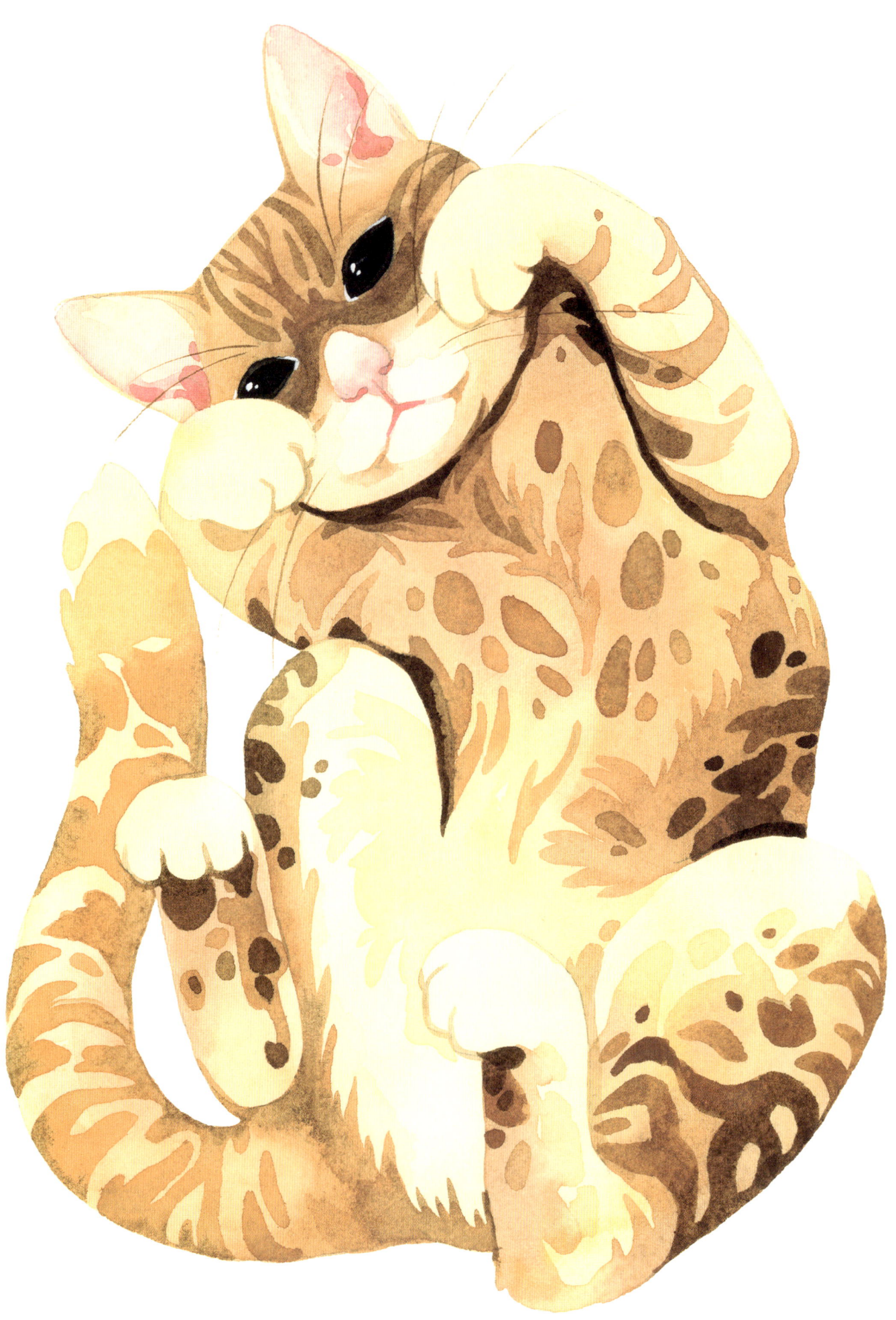

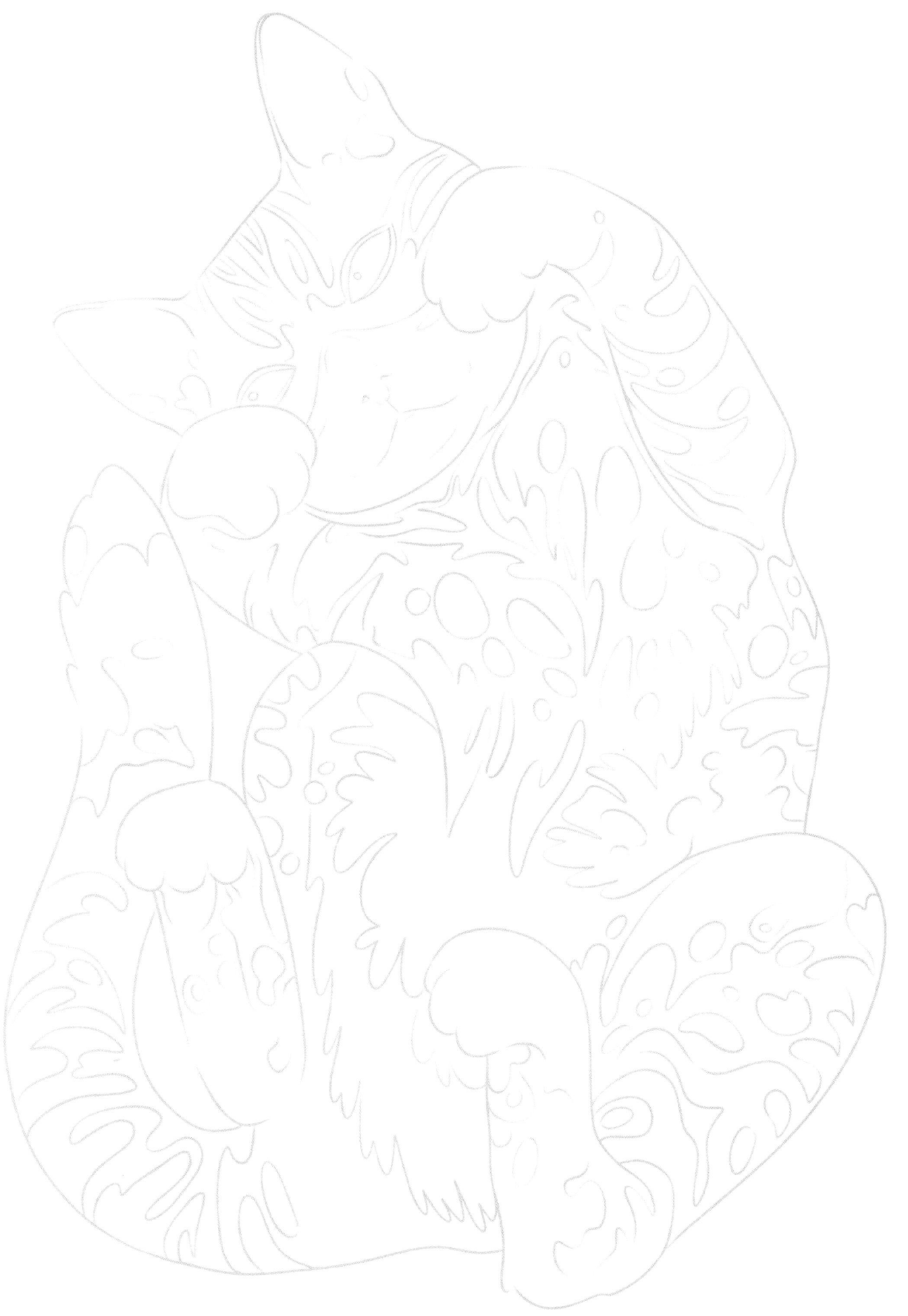

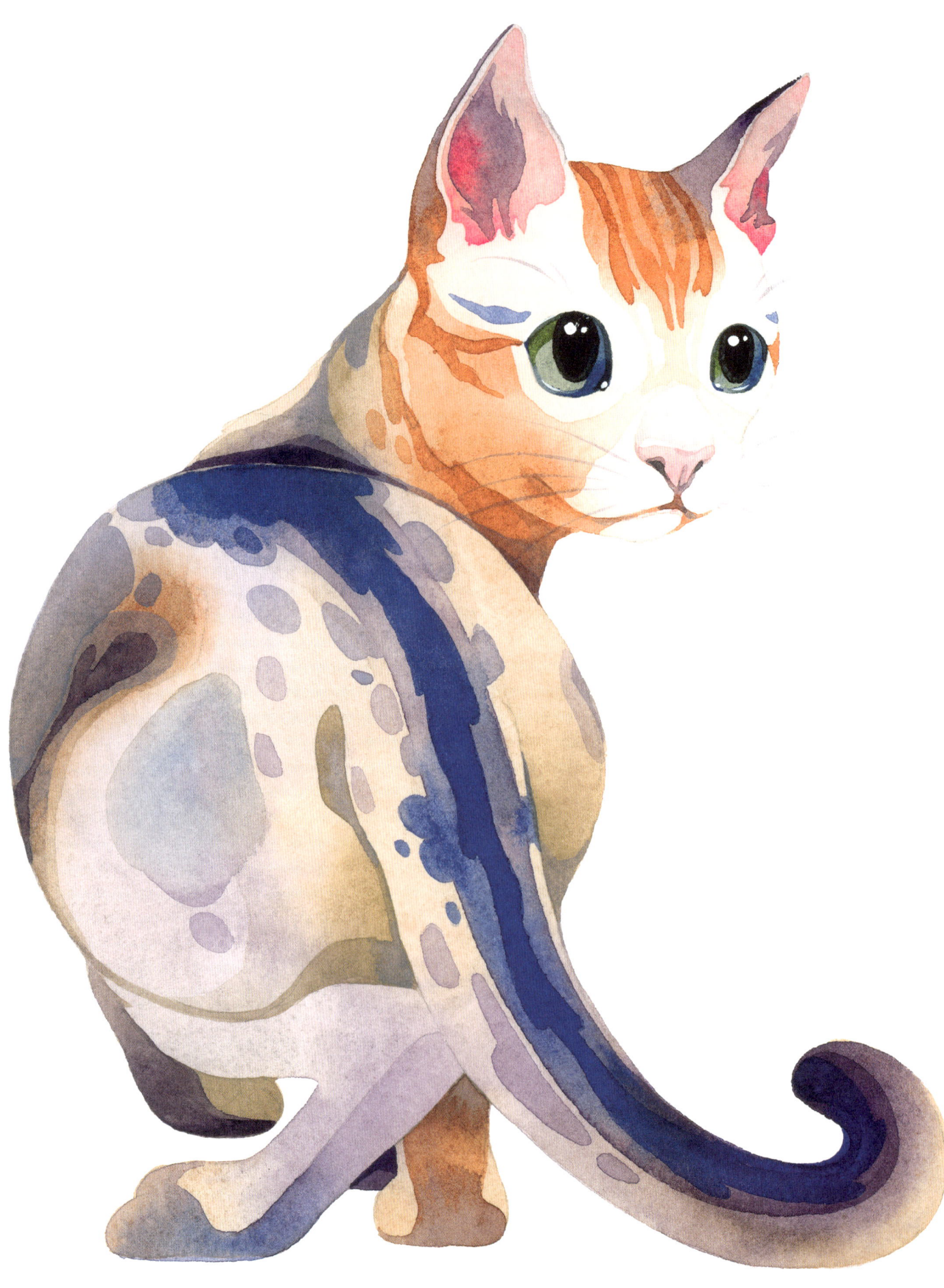

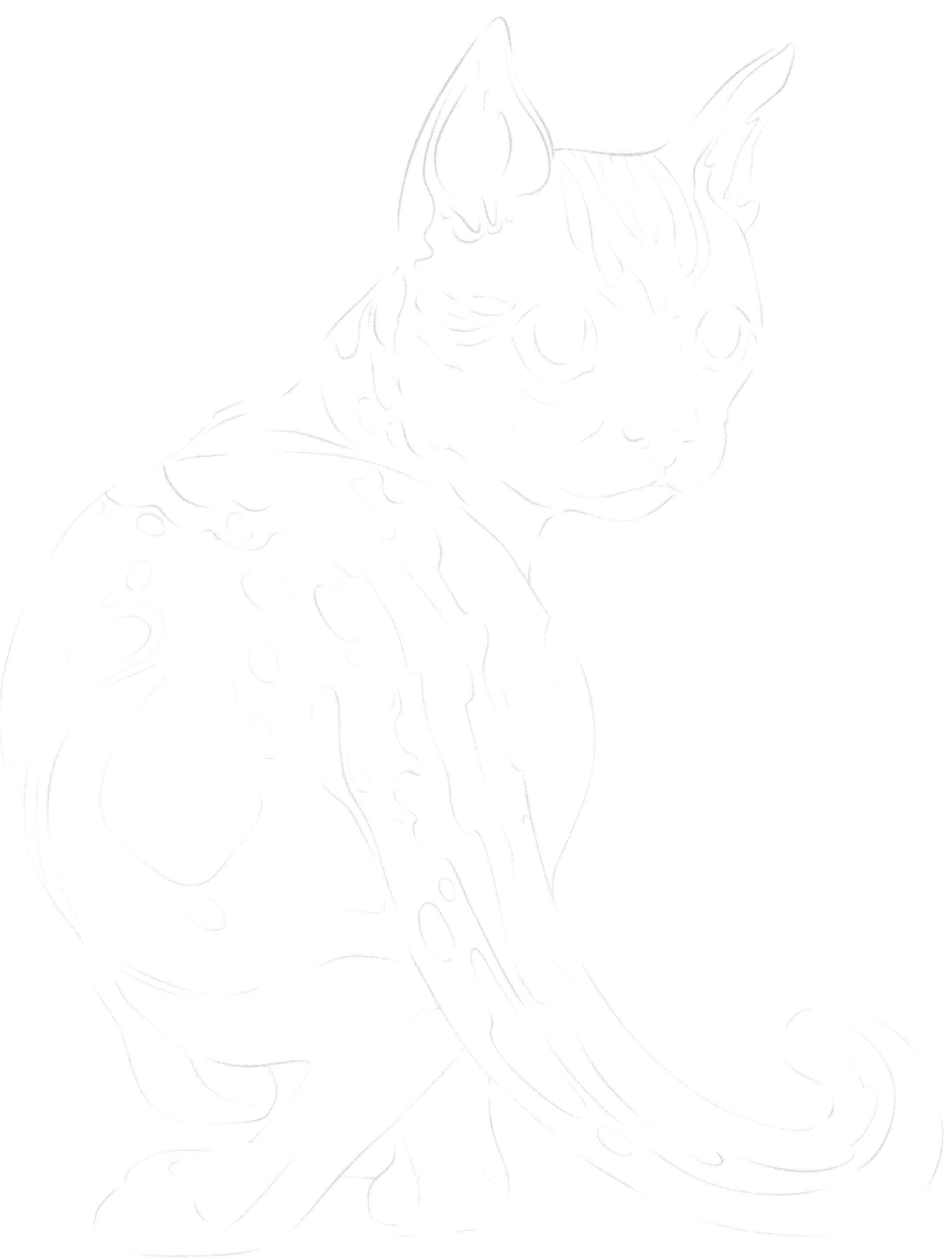

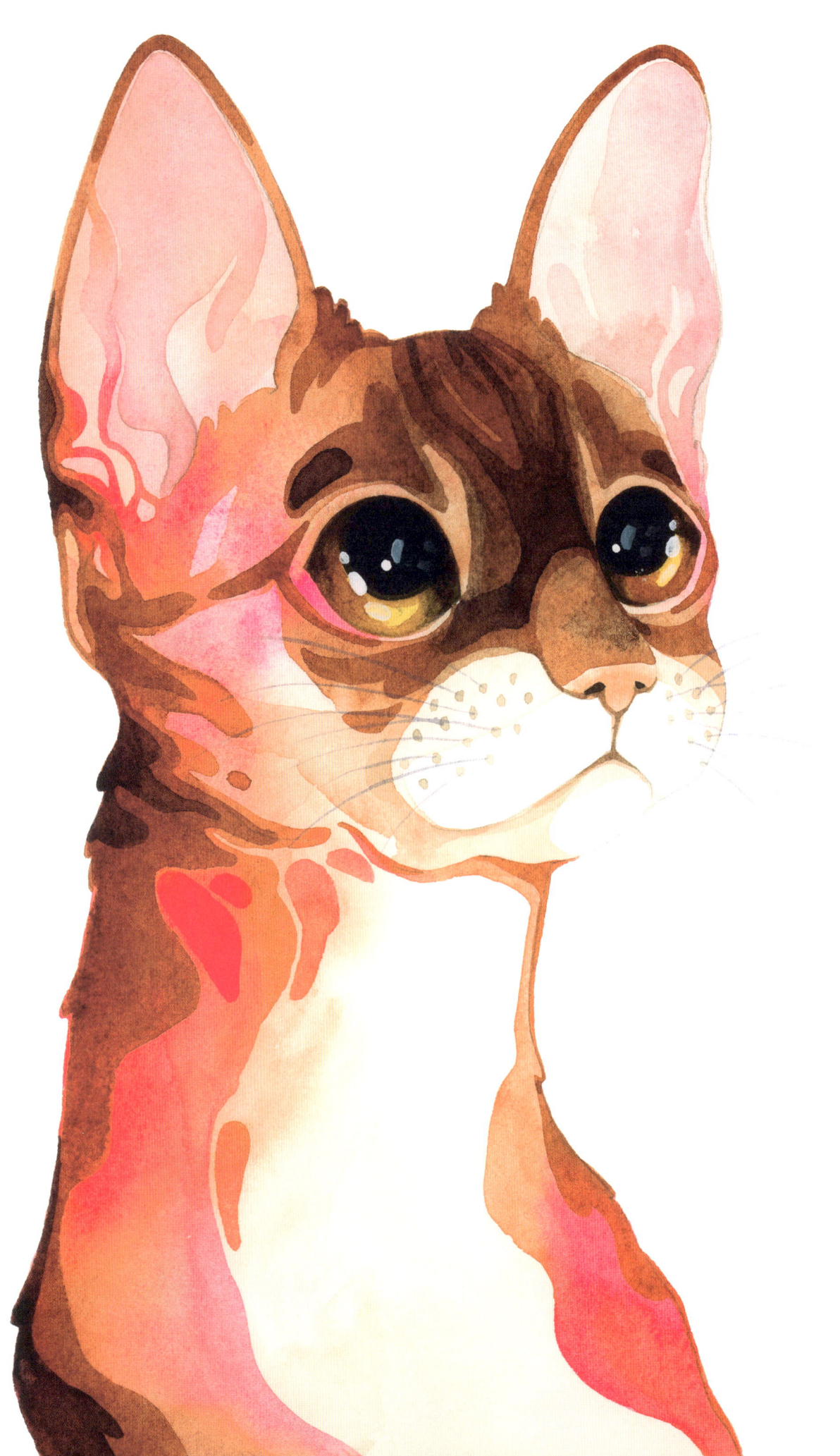

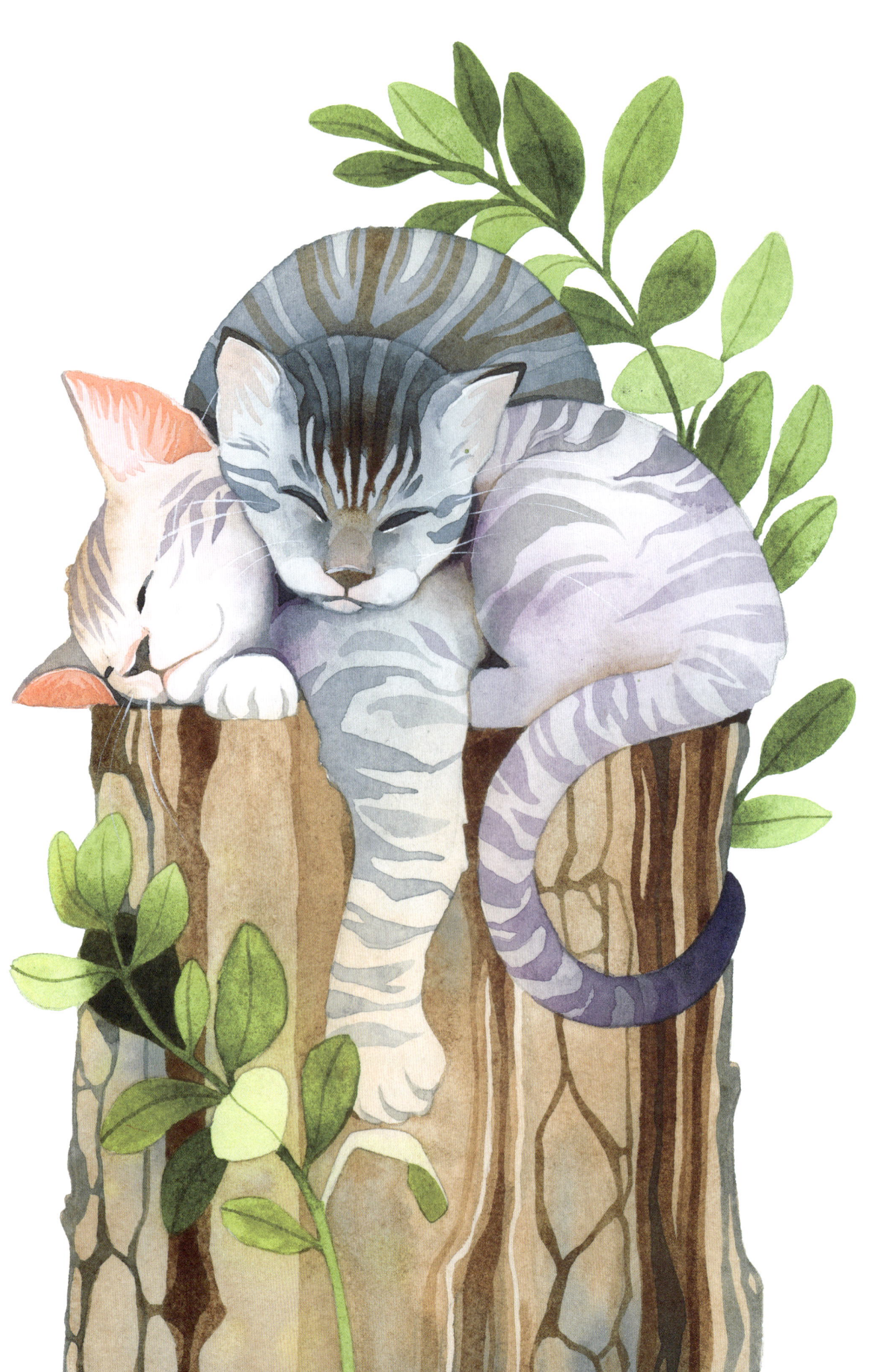

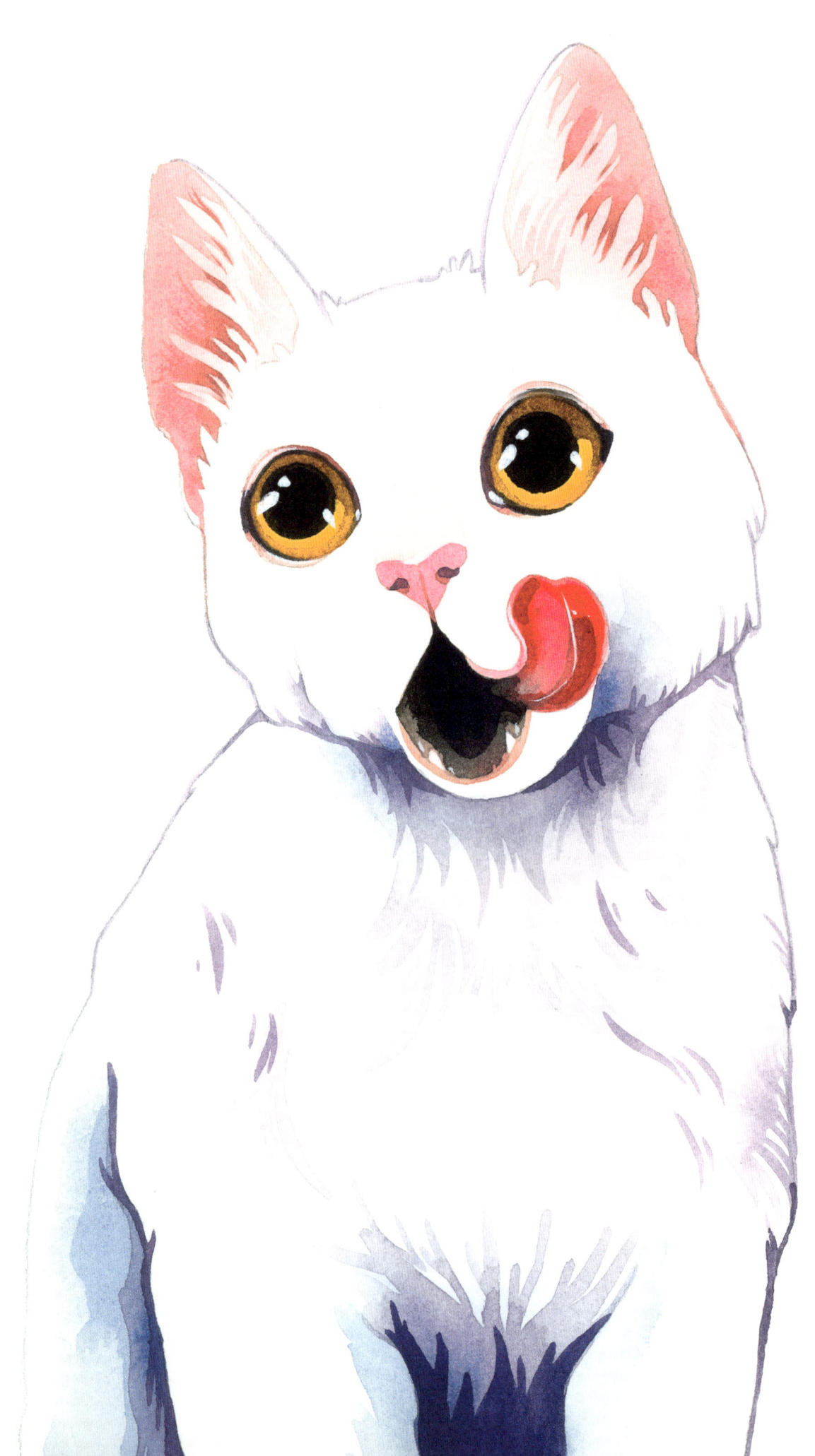

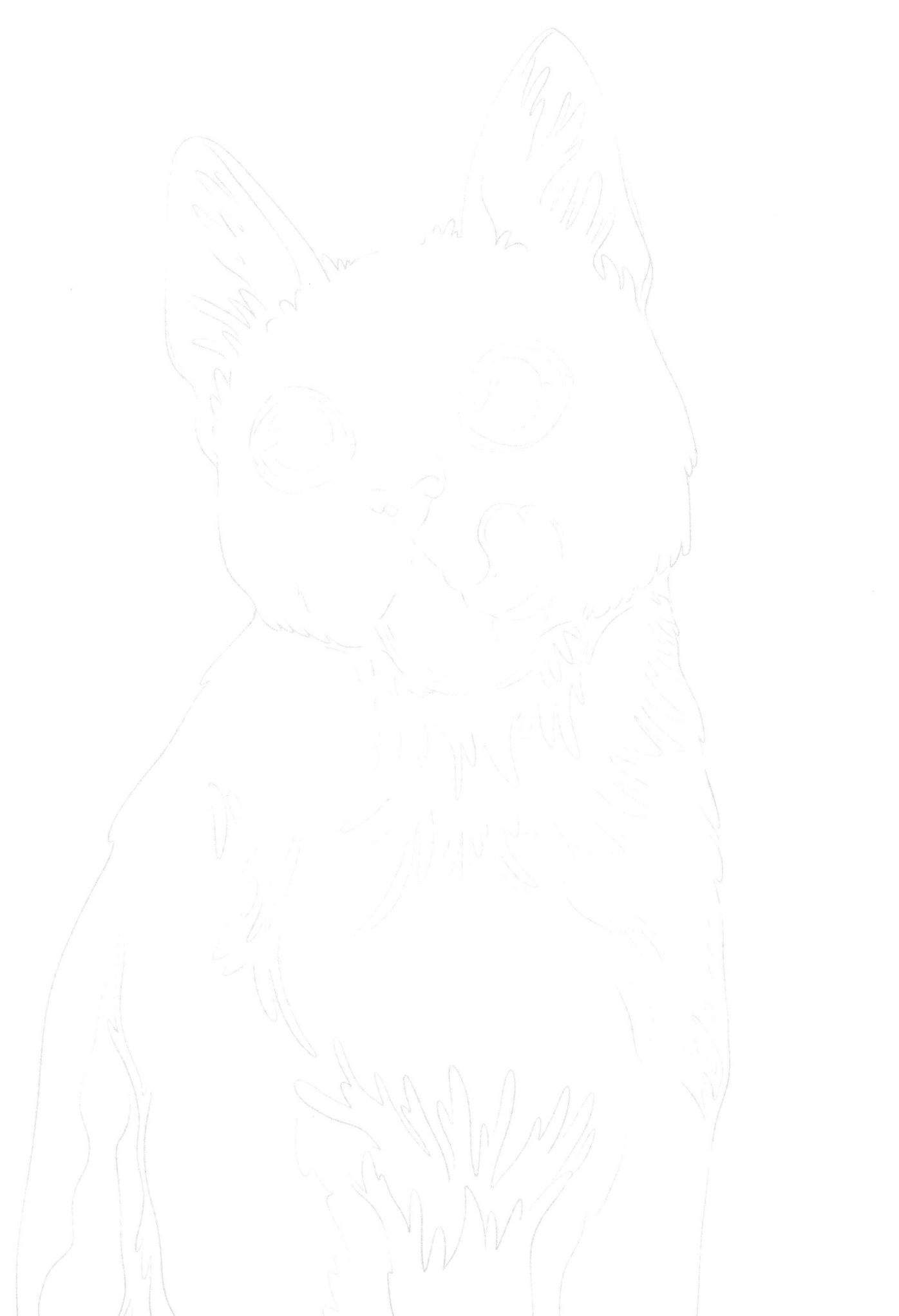

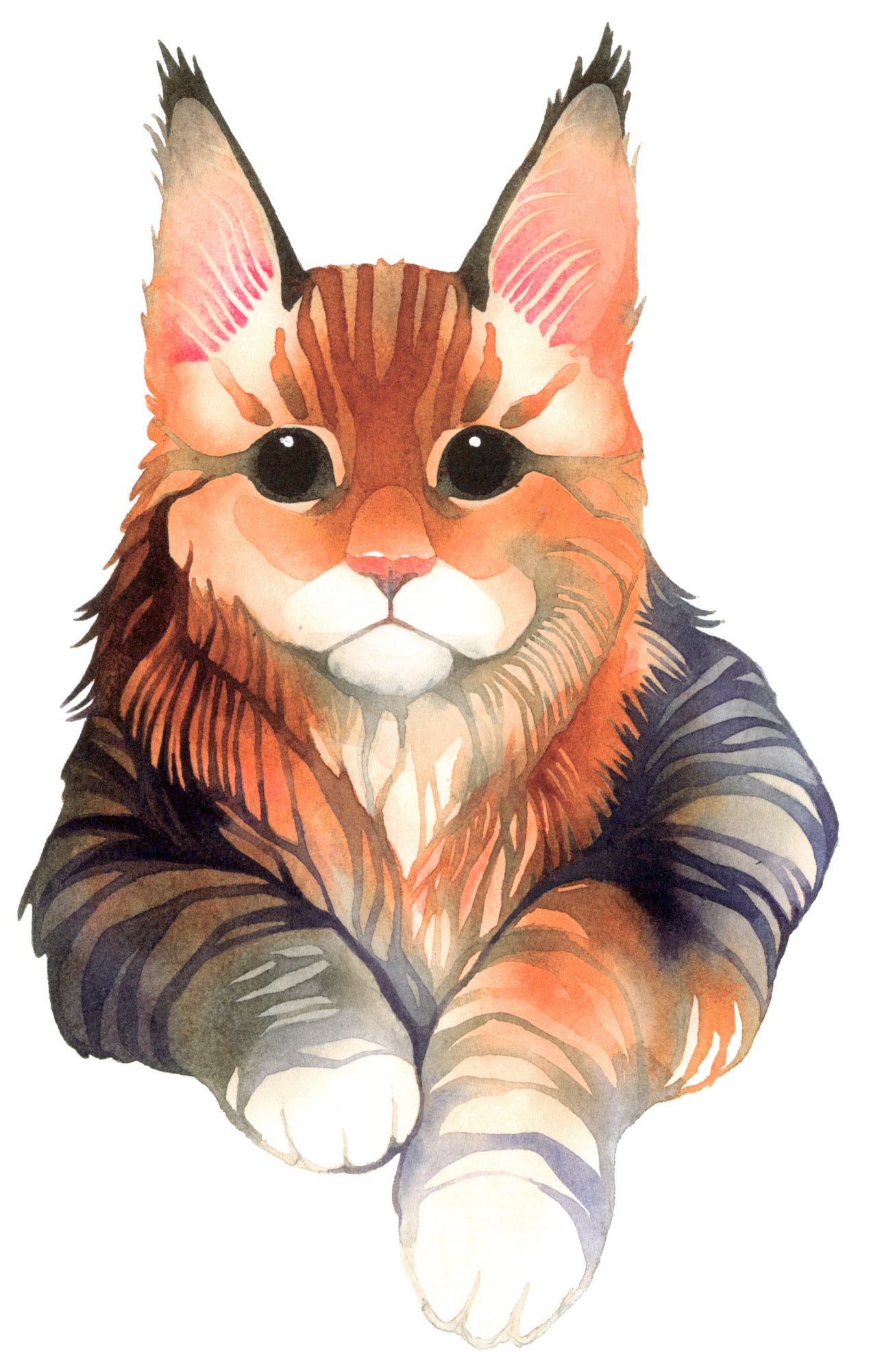

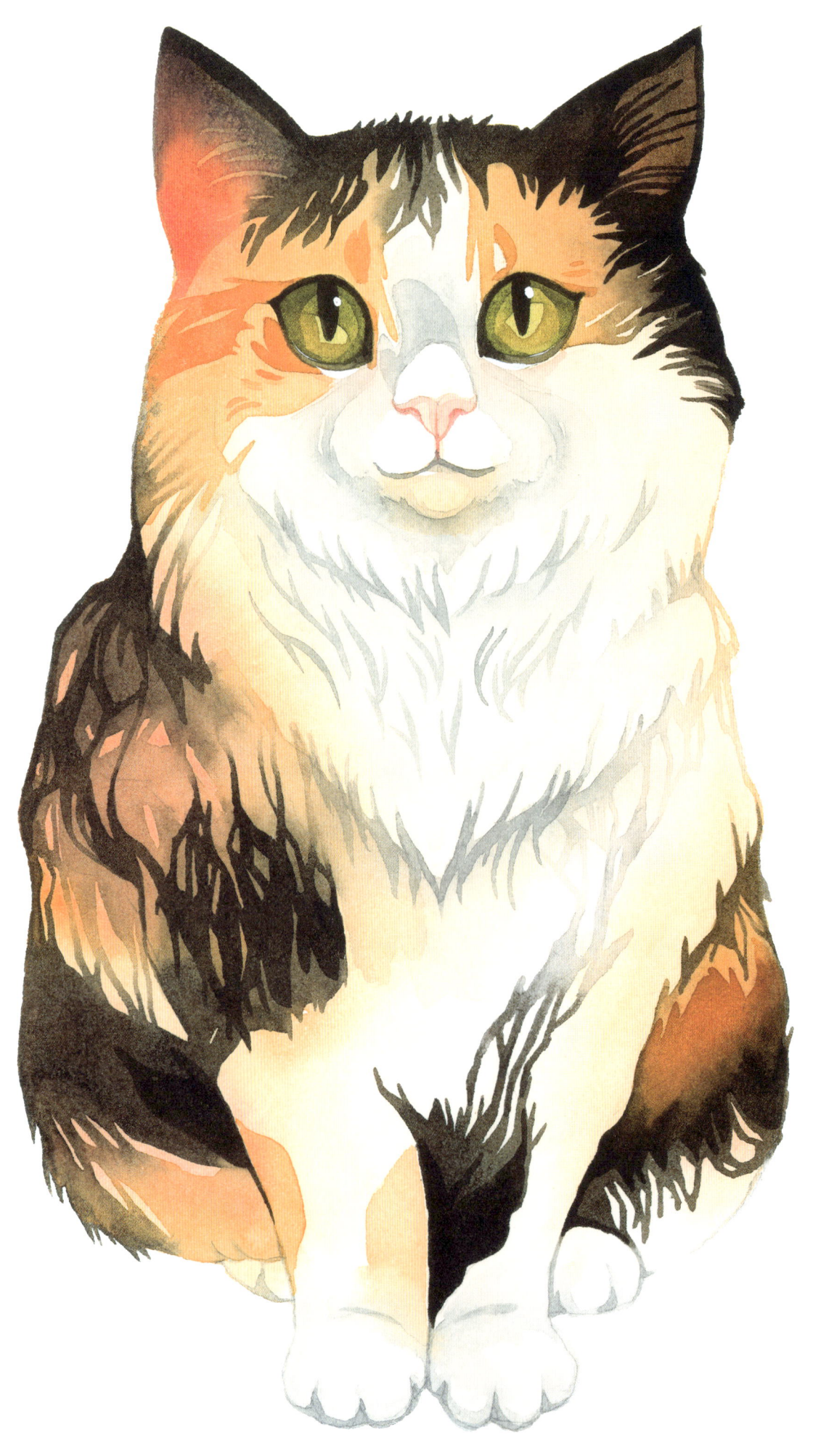

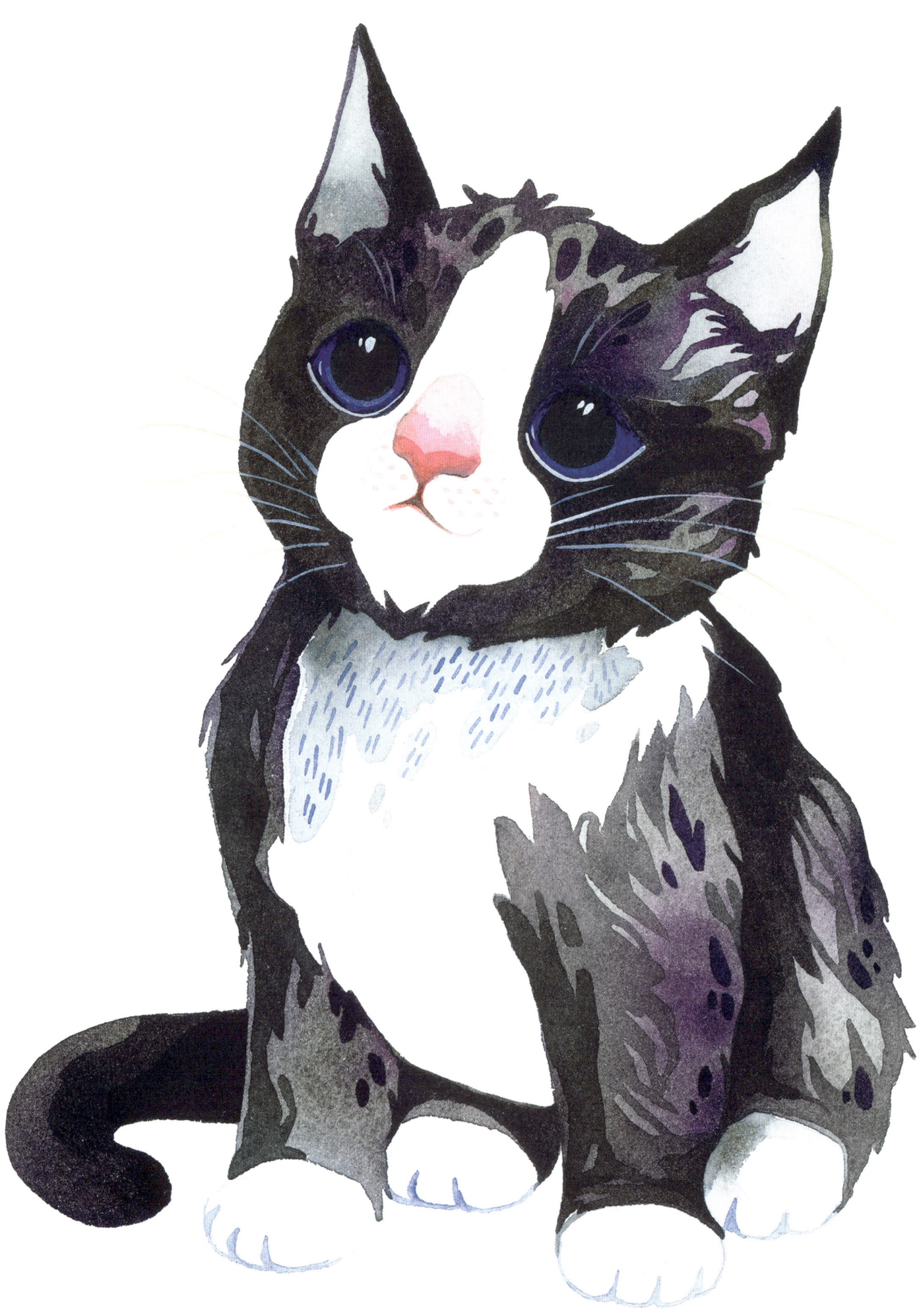

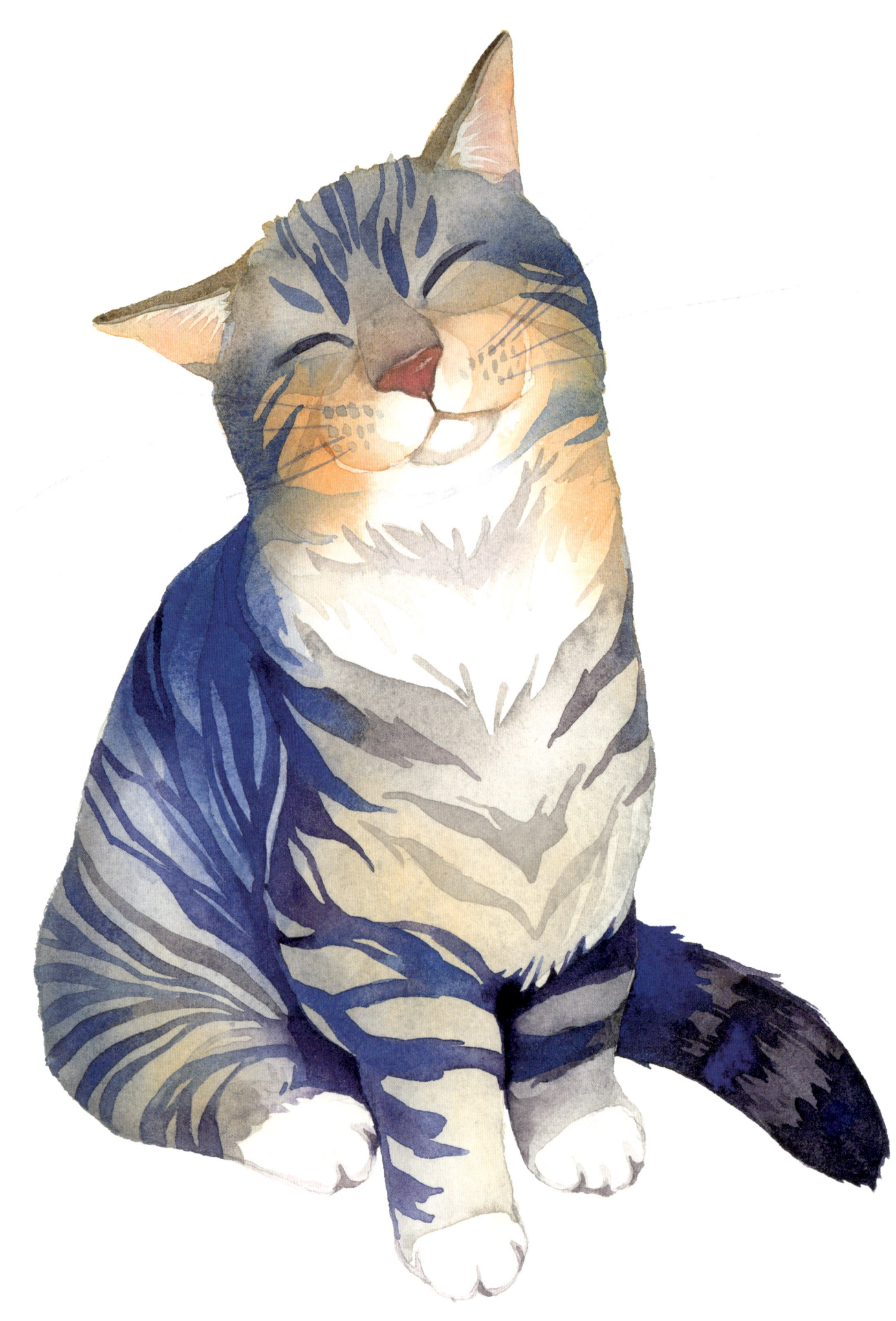

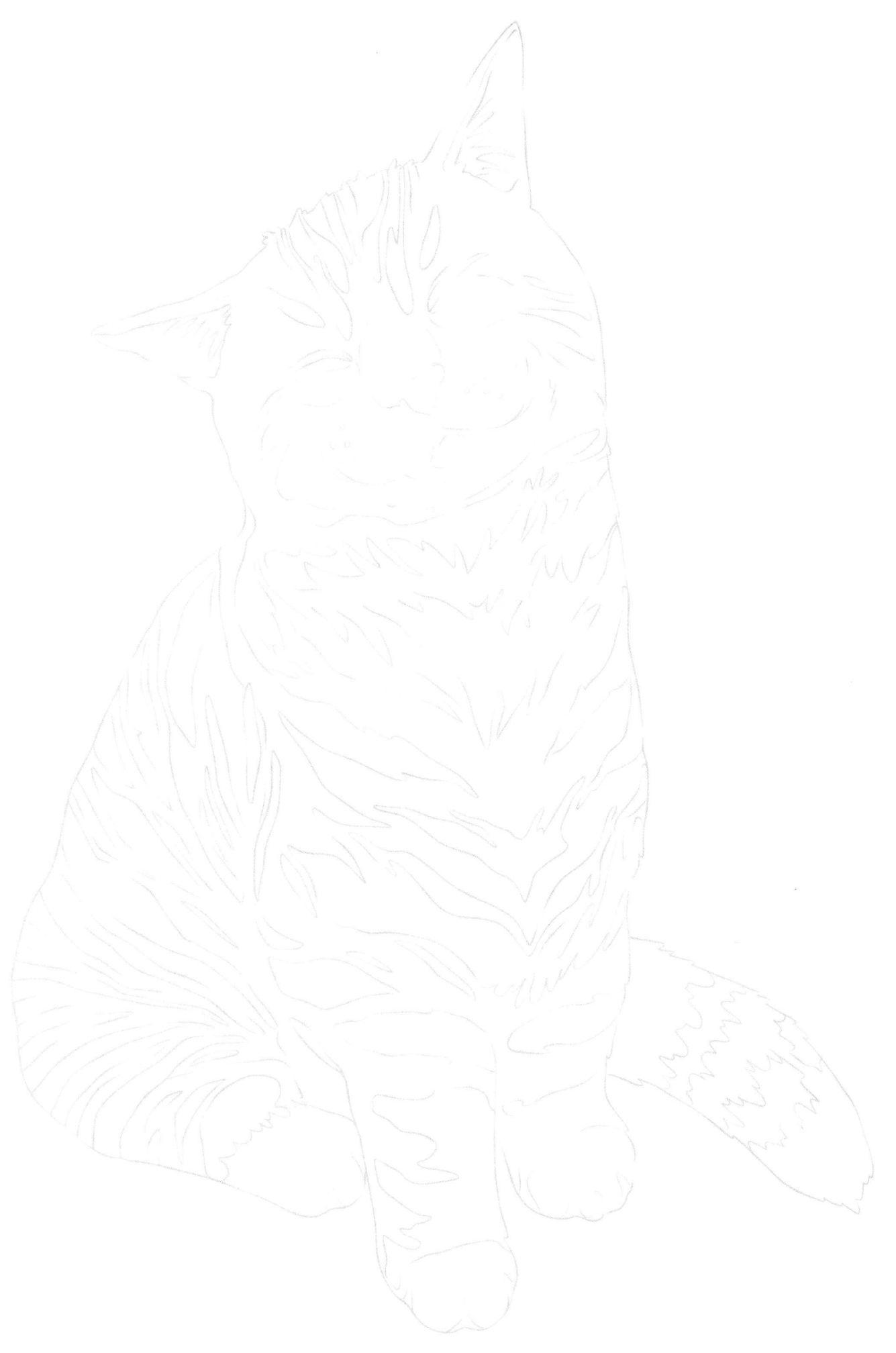

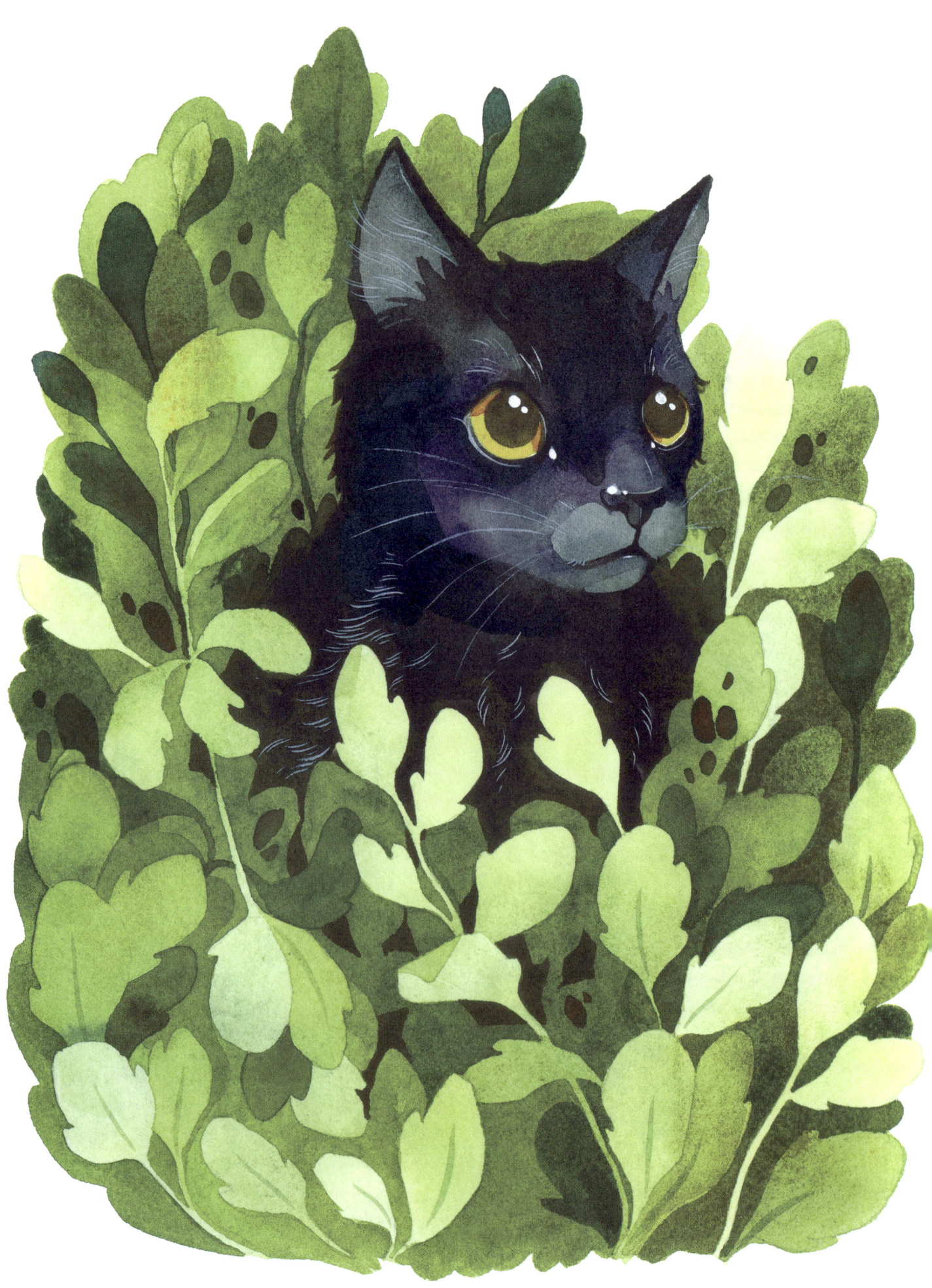

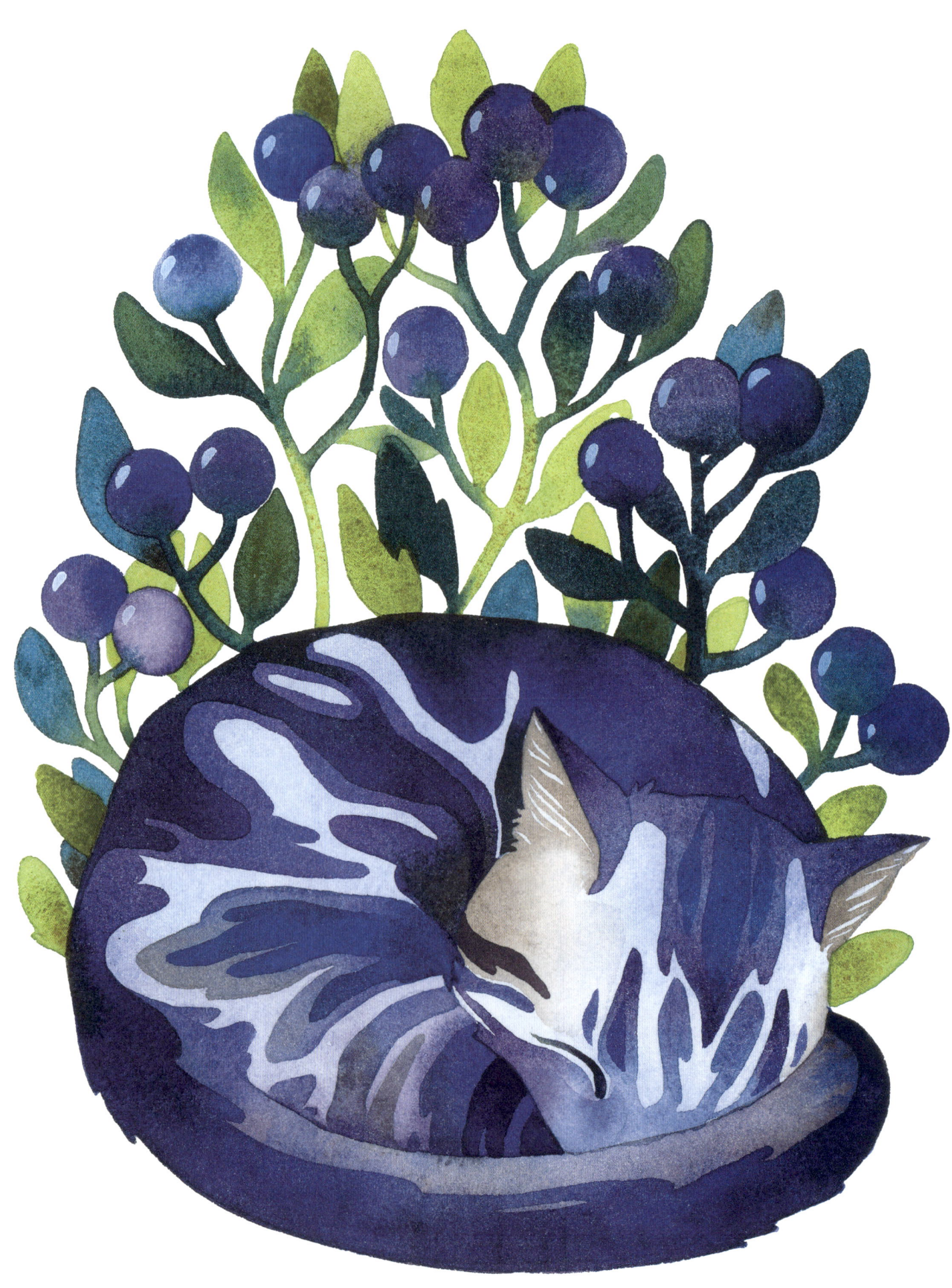

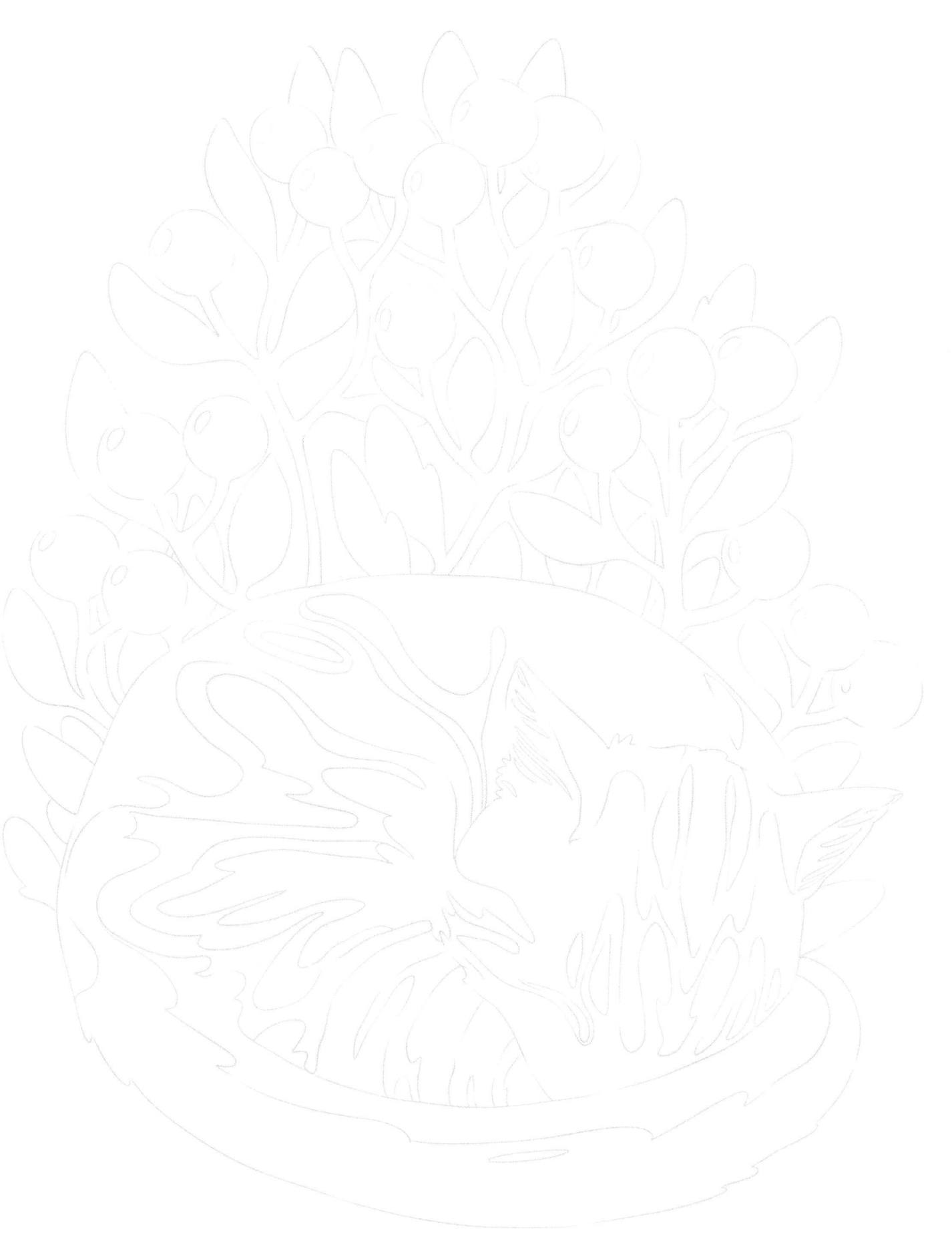

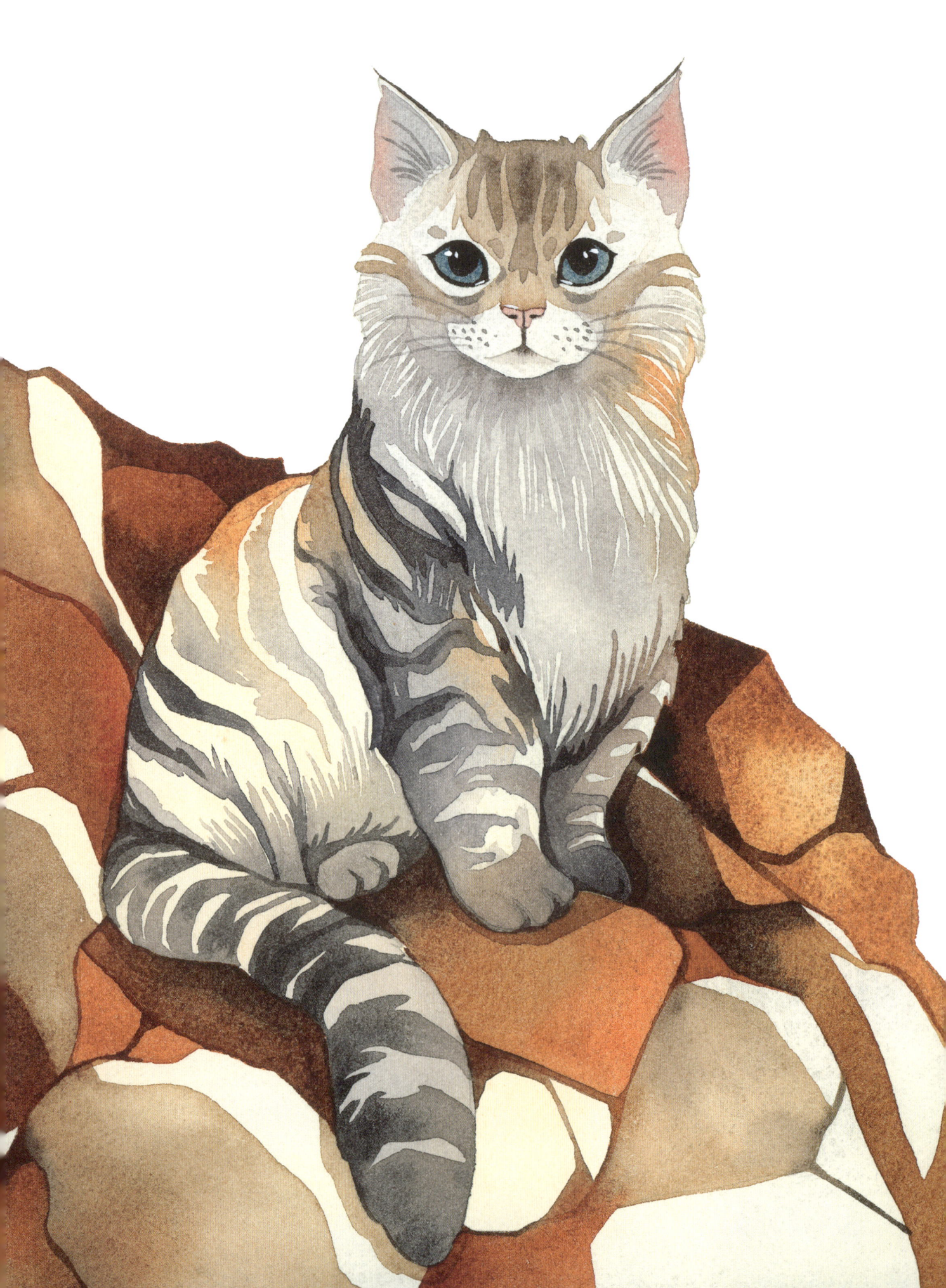

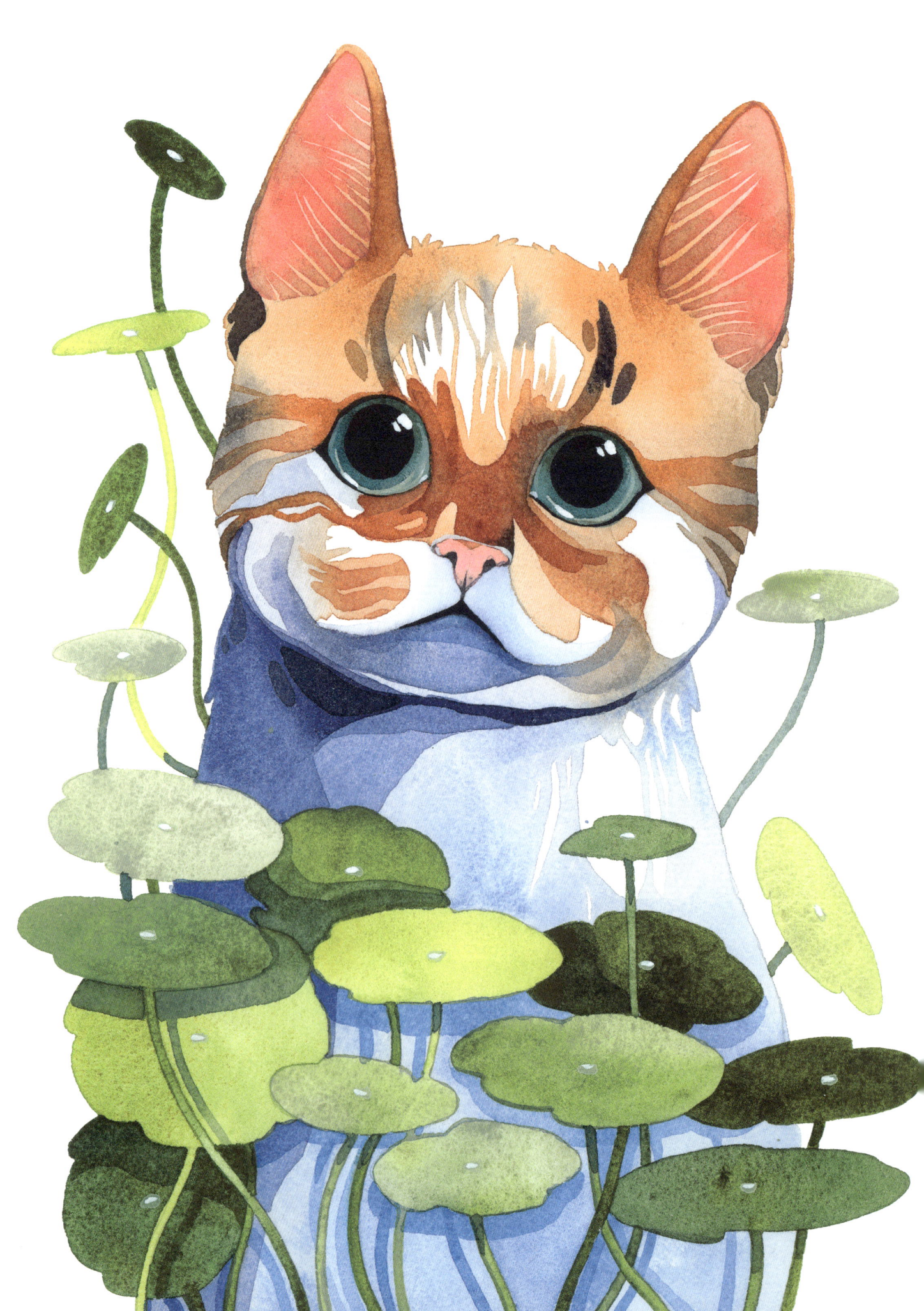

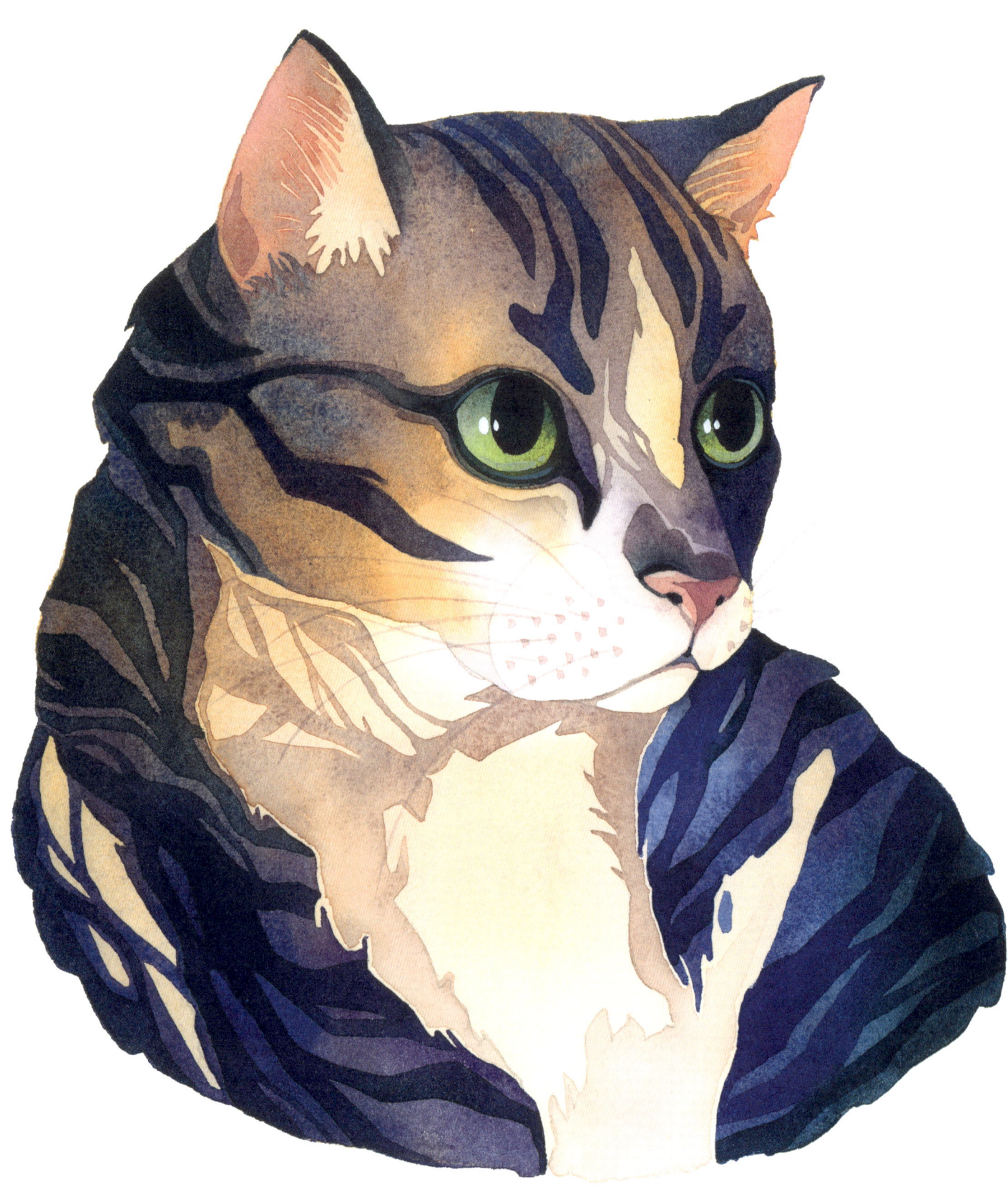

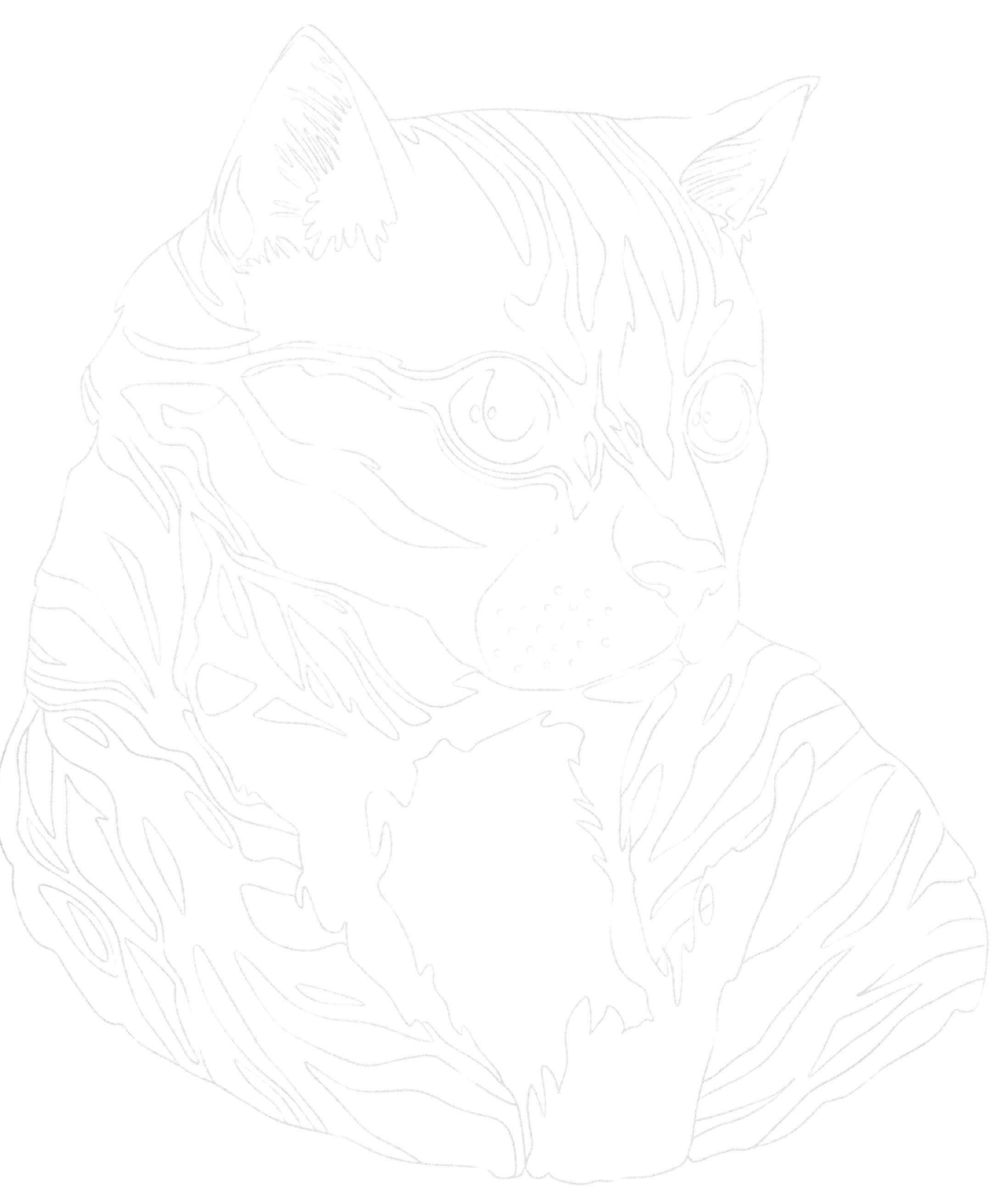

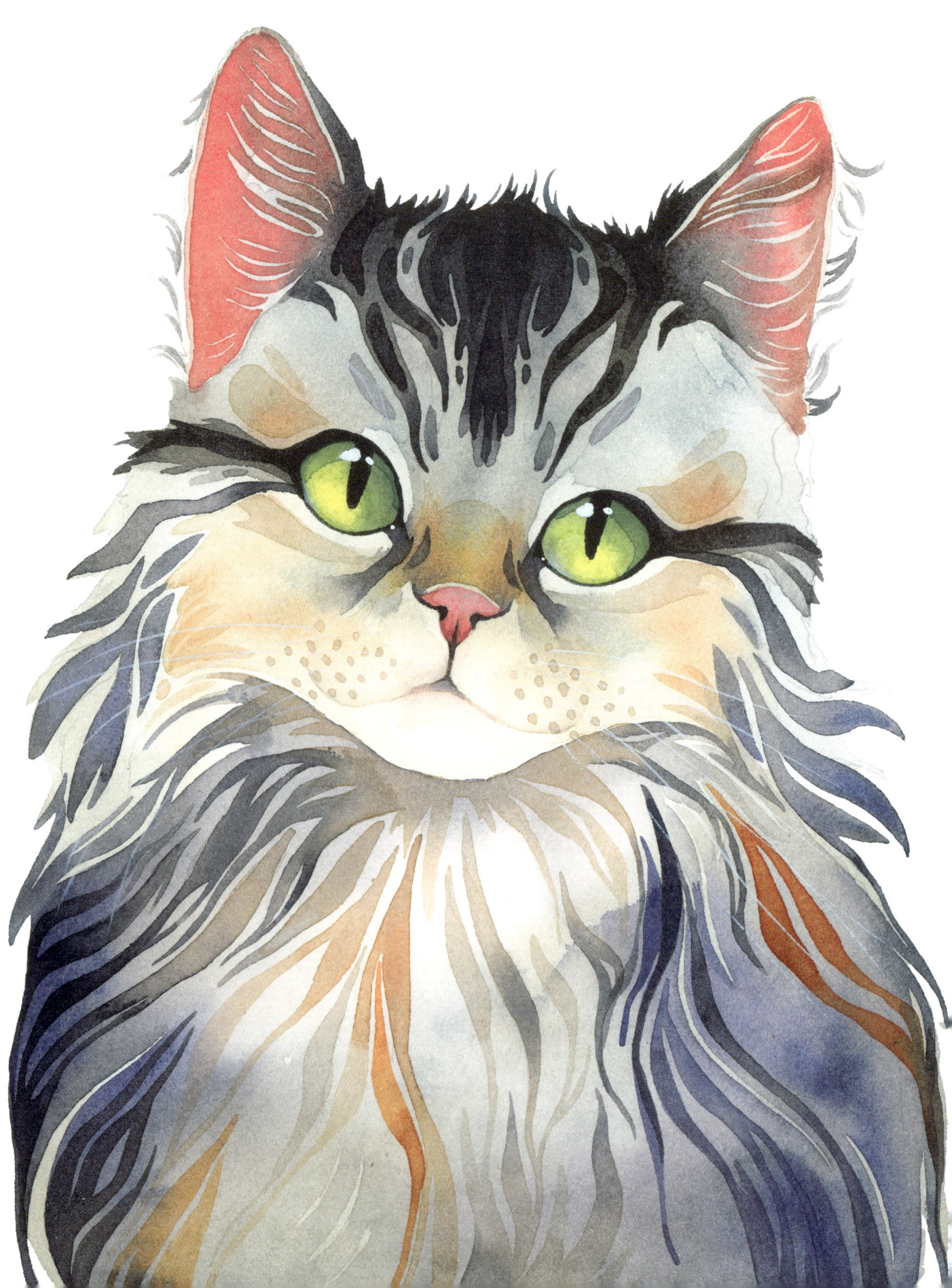

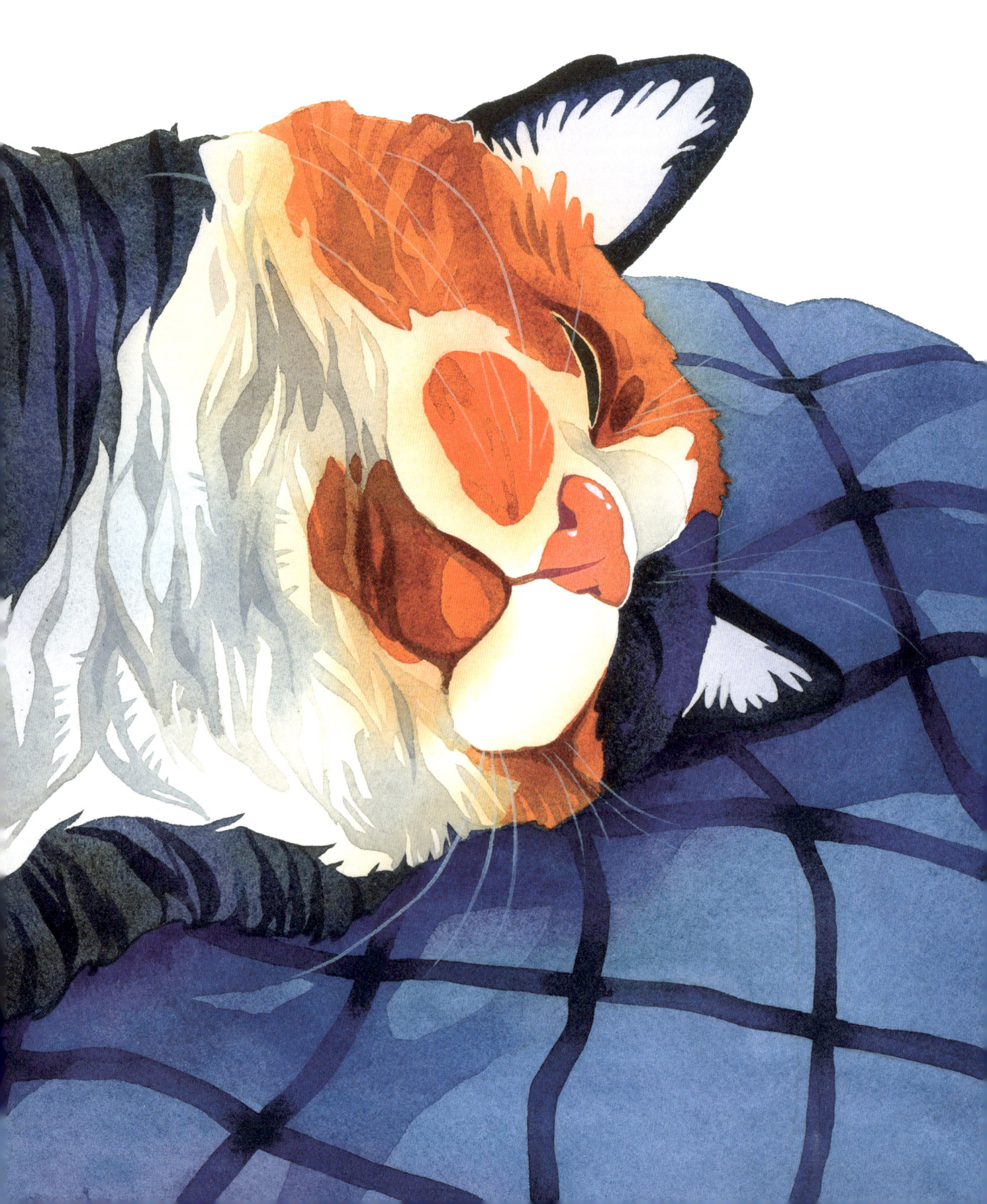

ÉMILIE LIÉNARD

Émilie Liénard es una artista apasionada. Siempre va con un lápiz o un pincel en la mano, y domina numerosas técnicas, como el gouache y la acuarela. Trabaja casi exclusivamente con métodos tradicionales porque le encantan el papel y los pigmentos.

Para ver su obra:

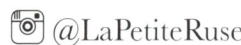 @LaPetiteRuse

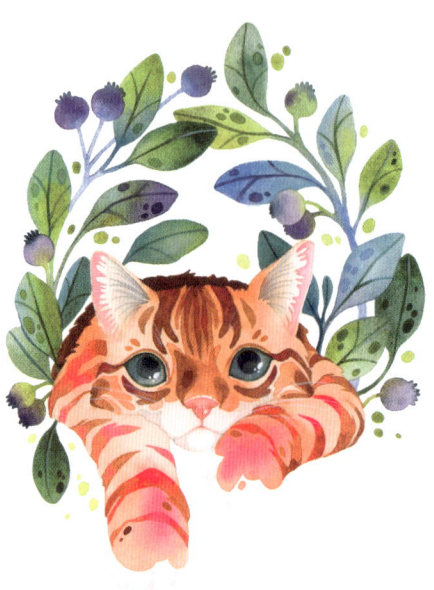

Título original: *Coloriage Aquarelle – Mes Chats Beauté*

© 2026 Librero b.v. (edición española),
Hambakenwetering 8B
5231 DC 's-Hertogenbosch
Países Bajos
www.librero.nl

© 2025 Hachette Livre (Marabout)
Ilustraciones: Émilie Liénard

Producción de la edición española:
Tanja Timmerman vertaling & redactie
Traducción: Victoria Cervantes
Maquetación: Indruk Grafisch Ontwerp

Distribución exclusiva de la edición española:
LIBRERO IBP
C/ Paseo de los Olmos, n.º 20
Planta 1.ª, Oficina 7
28005 MADRID
www.librero-ibp.es

Printed in Shenzhen, China SDP082025
Impreso en Shenzhen, China SDP082025

ISBN: 978-94-6499-293-9